Tina Tschage

Gott, mein Nächster und ich

Lass dich lieben und liebe weiter
Vom dreifachen Gebot der Liebe

SCM

R.Brockhaus

SCM

Stiftung Christliche Medien

Der SCM Verlag ist eine Gesellschaft der Stiftung Christliche Medien, einer gemeinnützigen Stiftung, die sich für die Förderung und Verbreitung christlicher Bücher, Zeitschriften, Filme und Musik einsetzt.

MIX
Papier aus verantwortungsvollen Quellen
FSC® C014496

Internet: www.scm-brockhaus.de; E-Mail: info@scm-brockhaus.de

Umschlaggestaltung und Titelbild: Vitalli Peters, Hannover, www.vita-grafik.de
Satz: Christoph Möller, Hattingen
Druck und Verarbeitung: GGP Media GmbH, Pößneck
Gedruckt in Deutschland
ISBN 978-3-417-26822-5
Bestell-Nr. 226.822

Für Esther

„Ferner wollen wir unbeirrbar an der Hoffnung festhalten, zu der wir uns bekennen; denn Gott ist treu und hält, was er zugesagt hat. Und weil wir auch füreinander verantwortlich sind, wollen wir uns gegenseitig dazu anspornen, einander Liebe zu erweisen und Gutes zu tun."

Hebräer 10,23-24 (NGÜ)

Inhalt

Vorwort

Noch ein Buch über die Liebe. Braucht es das? Ist nicht schon alles gesagt? Gesungen? Verdichtet und durchdacht? Das gilt doch auch für das Thema Liebe im christlichen Kontext – alles schon geschrieben. Woran liegt es dann aber, dass wir eher in einer Zeit der zunehmenden Lieblosigkeit leben? Es wirkt auf mich fast so, als würden wir auch in den christlichen Gemeinden im Theorieteil wunderbar abschneiden, bei der praktischen Fahrprüfung in Sachen Liebe aber eher kläglich scheitern … Mich selbst absolut eingeschlossen.

Deshalb hat mich Tina Tschage neugierig gemacht, als sie mir von ihrem Ansatz erzählte. In einer so pluralen Zeit braucht es vielleicht viele unterschiedliche Weisen, über Liebe jeweils aus eigener Erfahrung glaubwürdig zu reden und zu schreiben. Und das tut die Autorin: Sie spricht sehr offen über ihre Anmarschwege, Krisen, Sackgassen und Erkenntnisse. Tina Tschage redet nur so lange theoretisch über die Liebe, wie es theologisch verantwortlich sein muss, und taucht dann ein in ihre mehrdimensionale Liebesgeschichte mit Gott und Menschen. Und die lässt andere, gut eingewoben, mitreden über ihre Erfahrungen mit der Liebe Gottes, der Liebe zu Gott, der Liebe zu sich selbst, zu ihren Mitmenschen und über empfangene Liebe. Das ist berührend zu lesen und an vielen Stellen anregend, nachdenkenswert und motivierend.

Ganz nebenbei gelingt ihr in „Die anderen und ich“ ein geradezu inspirierendes Kapitel über gemeinsames, verbindendes Leben im 21. Jahrhundert. Ich halte das für eine der herausfordernden Fragen unserer Zeit, in der so viele Menschen, auch in christlichen Gemeinden, mit Etiketten wie „Single“ oder „alleinstehend“ (was für ein merkwürdiges Wort) versehen ihren Weg finden müssen und in der auch Paare und Familien nach neuen, verbindlichen und doch freisetzenden Gemeinschaftsmodellen fragen.

Kurz: Nicht jede und jeder braucht dieses Buch – klar. Aber wer einen ungeschminkten, ehrlichen und erfrischenden Zugang zum dynamischen Dreieck der christlichen Liebe sucht, wird hier fündig. Und lernt, wie die Liebe lebt. In uns und durch uns.

Dr. Michael Diener, Präses des Evangelischen Gnadauer Gemeinschaftsverbandes

Prolog

Irgendwann stand ich in einer deutschen Großstadt am U-Bahnsteig; wann und wo das war, weiß ich nicht mehr genau. Die Bahn fuhr weg und gab den Blick auf ein Plakat an der Wand frei. Und ich las in großen weißen Lettern auf schwarzem Grund:

„Ich liebe dich.
Ich liebe dich.
Ich liebe dich.
Gott."

Dieses Motiv war für mich so eindrücklich, dass es mir durch Mark und Bein schoss.

Das passiert bis heute immer wieder. Momente im Zug, auf dem Sofa, beim Spaziergang oder wo auch immer, in denen ich plötzlich und meist völlig aus dem Nichts heraus überwältigt bin von der Liebe Gottes. Nicht selten fließen dann Tränen, verbunden mit einem wohligen Schauer oder einer kräftigen Gänsehaut.

Gott liebt mich! Was so pathetisch und romantisch klingt, war und ist für mich damals wie heute eines der größten Geheimnisse meines Lebens. Und dieser Welt! Ich bin auf einer Entdeckungsreise, lebenslänglich unterwegs, um sie zu finden, zu erleben, zu sehen, zu spüren: die Liebe Gottes.

Sie verfolgt mich. Schon immer. Und immer wieder. Und immer intensiver.

Und ich weiß, dass es vielen von Ihnen sehr ähnlich geht. Die Liebe insgesamt und auch die Liebe Gottes bergen eine Sehnsucht, die uns Menschen umtreibt. Jeder will sie erleben, jeder will sie geben, so gut es geht – aber niemand scheint wirklich zu wissen, wie es funktionieren kann mit der Liebe im Leben. Weder mit der Liebe zu den Menschen noch zu sich selbst. Und die zu Gott oder von Gott – die ist für die meisten von uns ein großes Geheimnis, das wir nicht greifen können. Manch einer sucht behäbig weiter, andere geben frustriert auf. Wieder andere versuchen es gar nicht erst, weil die Aufgabe zu groß scheint oder sie an die wirkliche, wahre Liebe ohnehin nicht (mehr) glauben können.

Ich hingegen bin mir sicher: Wer sucht, der findet. Und ich möchte Menschen anstoßen zu suchen. Ich möchte Sie anstoßen!

Dieses Plakat mit dem dreifachen „Ich liebe dich" steht bis heute in kleiner Form, nämlich als Postkarte, auf meinem Schreibtisch. Es ist die Botschaft, mit der Gott mich immer wieder gepackt hat – oft leise, manchmal ganz intensiv.

Heute – also im Jahr 2017 – darf ich ein Buch veröffentlichen, das meine Reise beschreibt und die Liebe Gottes in diese Welt bringen will. Es ist nicht das erste Buch zu diesem Thema und es wird nicht das letzte bleiben. Es ist eines, das direkt aus meinem Herzen, aus meinem Erleben, auch aus meinem Lesen kommt. Und aus dem Herzen, dem Erleben und dem Lesen anderer. Ich freue mich, dass an diesem Buch einige andere mitgearbeitet und ihre ganz persönliche Geschichte beigesteuert haben. Denn die Liebe Gottes ist einzigartig, aber auch vielfältig: nämlich maßgeschneidert für jeden von uns. Gott sei Dank!

Auf vielen Seiten dieses Buches werden Sie am Rand dieses Zeichen entdecken.

Das ist der unverkennbare Hinweis, dass hier ein Anstoß zum Weiterdenken lauert. Dem können Sie sofort nachgehen oder auch später. Und wenn Sie dieses Buch gemeinsam mit anderen lesen, ist hier ein Anknüpfungspunkt für Ihr Gespräch.

Ich wünsche Ihnen, dass die Botschaft der Liebe Sie auch

packt. Vielleicht zum ersten Mal, vielleicht wieder. Und dass Ihre Sehnsucht nach der Liebe durch jede Zeile dieses Buches geschürt wird. Begeben Sie sich mit mir auf eine Entdeckungsreise, wie das gehen kann: sich lieben zu lassen, selbst zu lieben und die Liebe zu leben. Wie das funktioniert mit der dreifachen Liebe, mit Gott, meinem Nächsten und mir.

Himmlisches Liebesgeflüster

Nicht nur doppelt, sondern dreifach

Immer wieder bin ich ganz selig und glücklich, wenn ich als Theologin zur Liebe Gottes predigen und erzählen darf, wie Liebe-voll Gott ist.

So war das auch im Herbst 2015, als ich von der Landeskirchlichen Gemeinschaft in Parchim (Mecklenburg) zum Predigen eingeladen wurde. Ich sollte eine Predigtreihe mit dem Thema „Liebesgeflüster" eröffnen. „Nichts lieber als das!", dachte ich und suchte nach einem passenden Text. Ich stieß einmal mehr auf das Liebesgebot im Neuen Testament:

> *Ein Gesetzeslehrer wollte Jesus auf die Probe stellen. „Meister", fragte er, „was muss ich tun, um das ewige Leben zu bekommen?" Jesus entgegnete: „Was steht im Gesetz? Was liest du dort?" Er antwortete: „‚Du sollst den Herrn, deinen Gott, lieben von ganzem Herzen, mit ganzer Hingabe, mit aller deiner Kraft und mit deinem ganzen Verstand!' Und: ‚Du sollst deine Mitmenschen lieben wie dich selbst!'" – „Du hast richtig geantwortet", sagte Jesus. „Tu das, und du wirst leben."*
>
> Lukas 10,25-28 (NGÜ)

Während des Theologiestudiums hatte ich dieses sogenannte „Doppelgebot der Liebe" schon einmal genau untersucht. Für eine biblisch-theologische Seminararbeit hatte ich mir dieses Thema ausgesucht – Sie merken: Die Liebe Gottes lässt mich wirklich nicht los! Was mir damals nicht aufgefallen war, wurde mir 2015 umso deutlicher: Dieses Doppelgebot ist ja gar kein Doppelgebot. Es ist quasi ein Triple-Gebot! Da steht doch: Ich soll Gott lieben und meinen Nächsten *wie* mich selbst – also meinen Nächsten *und auch mich selbst.* Inwieweit dieses Dritte nun ein Gebot ist, darüber werde ich an dieser Stelle noch nicht viel sagen können. Aber Fakt ist: Die Liebe zu mir selbst spielt im großen Aktionsfeld der Liebe zu Gott und zu meinem Nächsten eine Rolle. Und dann bot sich mir auf einmal ein Bild mit vielen Herzen, und ich zeichnete diesen Liebeskreislauf einfach auf:

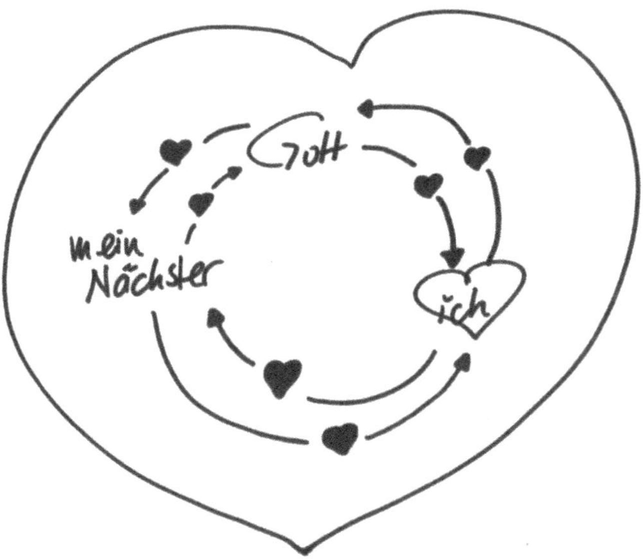

In dem Doppelgebot der Liebe, in dem ich so etwas wie ein Triple-Gebot finde, erkenne ich drei Personen, die hier eine Rolle spielen:

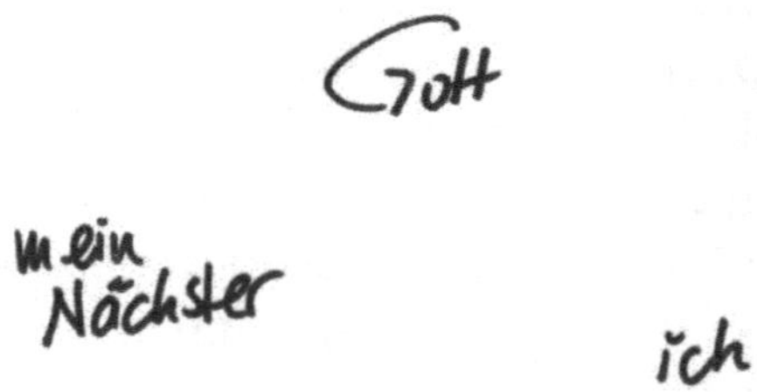

Diese drei – Gott, der Nächste und ich – sind miteinander verbunden. Auf ganz unterschiedliche Art und Weise – mal bedingungslos, mal bedingt, mal als Gebot, mal als Gefühl –, aber in jedem Fall immer mit dieser hier: der Liebe. Die einzelnen Formen dieser Liebe möchte ich auf den nächsten Seiten für Sie aufdröseln. Wenn wir jede einzelne gemeinsam im Detail angeschaut haben, werden Sie verstehen, wie es funktionieren kann mit der Liebe in Ihrem Leben.

Starten wir mit einer Übersicht, damit Sie wissen, worauf Sie sich einlassen:

Gott und ich

Alles beginnt mit Gott. Gott ist die Liebe und Gott liebt mich. Ich bin davon überzeugt, dass Gott mich Menschlein geschaffen hat, damit er ein Subjekt für seine unerschöpfliche und unermessliche Liebe hat: nämlich mich (und Sie! Vgl. Johannes 3,16 und 1. Johannes 4,16). Gott schenkt mir sein Herz!

Ich und Gott

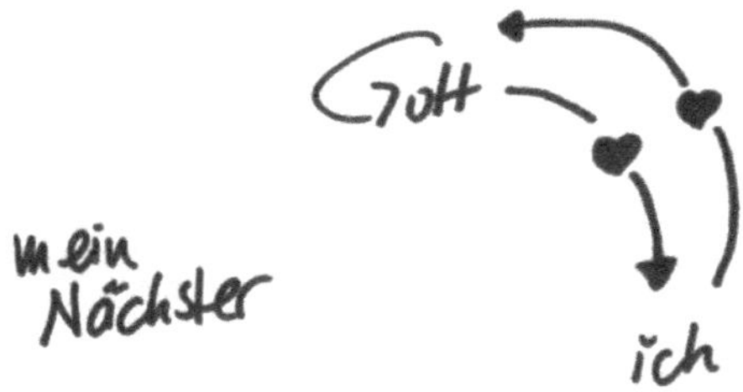

Seine Liebe mit meiner eigenen zu erwidern, ist der Kern meines Lebens. Und es ist der Kern des Wesens Gottes. Nichts wünscht er sich mehr, als dass ich ihn zurückliebe: *„Der tiefste Grund für unsere Zuversicht liegt in Gottes Liebe zu uns: Wir lieben, weil er uns zuerst geliebt hat“* (1. Johannes 4,19; NGÜ). Und es ist nicht nur ein Wunsch Gottes, sondern eines der Gebote, das er mir aufgibt und um das es in diesem Buch geht. Mein Herz für Gott!

Ich und die anderen

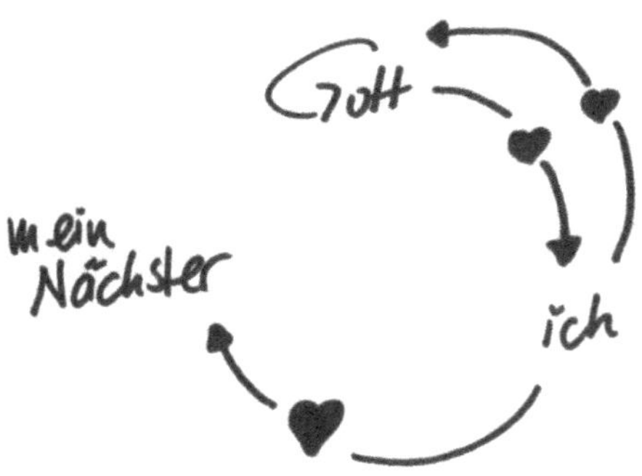

Wenn ich von Gottes Liebe voll bin, dann habe ich ausreichend Liebeskapazität, auch meinen Nächsten zu lieben. Das ist das zweite Gebot, das Gott mir aufgibt: „Du sollst deine Mitmenschen lieben!“ Also ein dickes Herz für den Nächsten!

Die anderen und ich

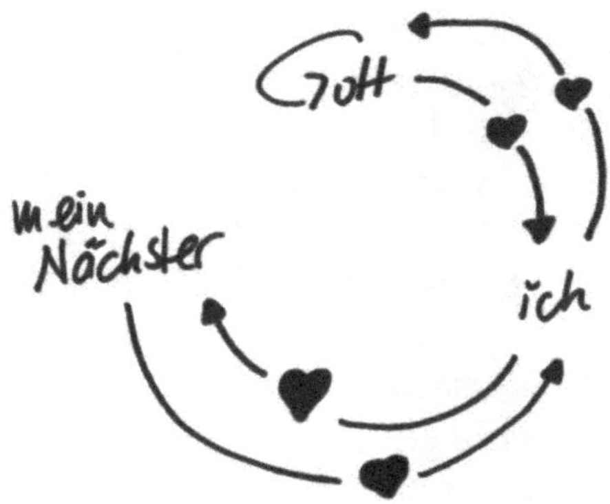

Und dann kommt das Zwischenmenschliche hinzu: Ich wünsche mir ja immer, dass mein Nächster mich auch liebt (und hier spreche ich weniger von erotischer Liebe). Wenn die Liebe Gottes ins Spiel kommt, steigen die Chancen dafür, davon bin ich überzeugt. Wie schön, wenn der Nächste mir sein Herz schenkt!

Die anderen und Gott

Wenn ich meinen Nächsten liebe, dann passiert im Idealfall auch Folgendes: Der Nächste erkennt, dass Gott ihn liebt, und beginnt, Gott zu lieben. Manche nennen das „evangelistischen Lebensstil" oder „missionarisches Handeln". Für mich ist es schlicht die Folge weiterfließender Liebe. Somit entsteht ein Kreislauf von Liebe, der einzigartig und wunderbar und sehr lebendig ist. Herzen in alle Richtungen!

Ich mit mir

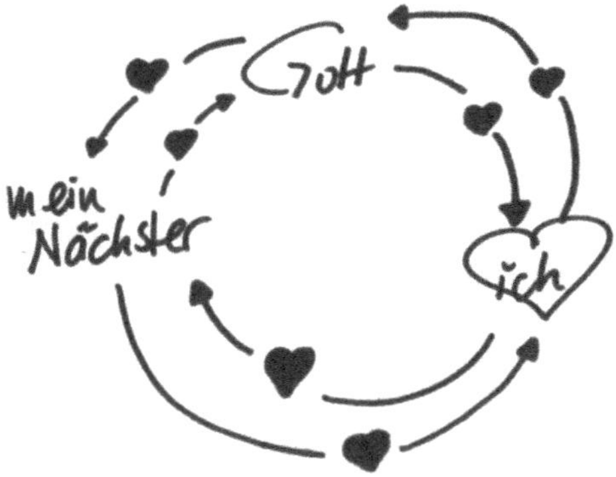

Im Laufe meiner Arbeit an diesem vermeintlichen Doppelgebot der Liebe hatte ich schließlich mein persönliches Aha-Erlebnis, das mich letztlich zu diesem Buch motiviert hat: Ich selbst spiele in diesem Kreislauf eine nicht unerhebliche Rolle. „Liebe deinen Nächsten *wie dich selbst*", steht im Doppelgebot der Liebe. „Wie dich selbst" – der Liebeskreislauf funktioniert also nur, wenn ich mich selbst auch liebe. Dickes Herz um mich selbst herum!

Wir alle

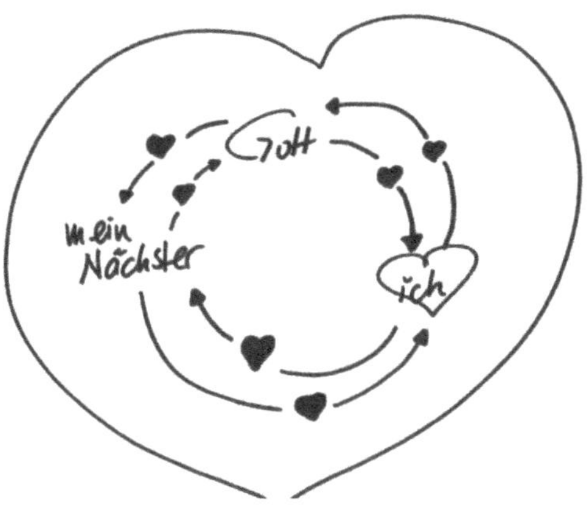

Jetzt erkenne ich einen runden Kreislauf. Die Liebe kann in alle Richtungen zirkulieren und diese Welt erobern! Wenn das geschieht, dann passiert Leben, sagt Jesus. Wären da nicht zahlreiche Störungen, die den Fluss unterbrechen, die Strömung behindern und damit Lebendigkeit rauben.

Darum geht es in diesem Buch: um himmlisches Liebesgeflüster zwischen Gott, meinem Nächsten und mir; um einen Liebeskreislauf, der Leben schenkt – wenn er nicht gestört wird. Ein dickes Herz um uns alle herum!

Dieses Buch ist übrigens keine theologische Abhandlung. Aber die theologischen – also die biblischen, bibelwissenschaftlichen und von der Auslegung her wichtigen – Grundlagen der biblischen Texte werde ich anfangs erläutern. Denn hier geht es um nichts weniger als um ein biblisches Gebot: eine klare Aufforderung von Gott, was ich zu tun und zu lassen habe. Es ist Gott sehr ernst mit der Liebe. Er selbst will, dass es funktioniert zwischen mir und ihm, mit meinem Nächsten, mit mir selbst. Und er freut sich, wenn die Nächsten an mir sehen und erleben, wie es funktioniert.

Mit diesem Buch will ich Sie, liebe Leserin und lieber Leser, motivieren, die Liebe in Ihr Leben zu holen. Denn es gibt nichts Schöneres, nichts Erfüllenderes, nichts, was die Gegenwart mehr prägen und die Zukunft deutlicher verkünden könnte als ein Liebe-volles Leben!

Die Perversion von Liebe

Haben Sie das Wort „Liebe" mal in eine Onlinesuchmaschine eingegeben? Ich habe es gerade getan. Da kommen als Erstes die Schlagzeilen aus der Promiwelt: wie es um die Liebe bei den Stars und Sternchen steht. Darunter erscheinen dann unendliche Einträge mit Überschriften wie „Liebe & Psychologie: Tipps für ein erfülltes Leben" – „Liebe und Sex – Was ihr schon immer über Liebe wissen wolltet …" – „Wie du die wahre Liebe findest". Diese Schlagzeilen sind sehr amüsant – und irreführend! Zumindest für mich.

Mich nervt es sehr, dass wir Liebe fast immer mit erotischer Liebesbeziehung und Sex gleichsetzen. Wir Christen machen da viel zu oft fröhlich mit. Das führt uns immer mehr zu einer Abscheu und Abwertung des Liebesbegriffes, die uns und unseren Gemeinschaften sehr schaden. Wir trauen uns ja fast nicht mehr, über die Liebe zu sprechen! Und wenn, dann kommt irgendein verklärtes Bild dabei heraus. Und immer die vorsichtige, verschämte Abgrenzung zu allem, was mit Sexualität zu tun hat.

Papst Benedikt XVI. hat in seiner Ausarbeitung *Liebe in Wahrheit* etwas geschrieben, das ich voll unterstreichen kann:

> *Ich weiß um die Entstellung und die Sinnentleerungen, denen die Liebe ausgesetzt war und ist, mit der entsprechenden Gefahr, dass sie missverstanden, aus der ethischen Lebenspraxis ausgeschlossen und in jedem Fall daran gehindert wird, in rechter Weise zur Geltung zu kommen. Im gesellschaftlichen, rechtlichen, kulturellen, politischen und wirtschaftlichen Bereich, also in den Zusammenhängen, die für diese Gefahr am anfälligsten sind, wird die Liebe leicht als unerheblich für die Interpretation und die Orientierung der moralischen Verantwortung erklärt.*[1]

Ich erlebe immer mehr diese Perversion der Liebe. Erfülltes Liebesleben heißt doch für die meisten, dass ich spannende Partner im Bett liegen habe. Oder dass ich es gut organisiere, dass die Leute um mich herum meine Bedürfnisse befriedigen.

Aber das ist nicht Liebe, wie Gott sie in dieser Welt haben will: voll von Gnade, Barmherzigkeit, Sanftmut und so weiter (übrigens auch in Paarbeziehungen und ja, dann auch in allen sexuellen Bereichen).

Mit diesem Buch will ich zu mutigen Schritten in diese Richtung anspornen. Wir brauchen die Liebe in dieser Welt so dringend! Und jeder von uns ist in der Lage, seinen Beitrag zu leisten.

Lassen Sie uns doch gemeinsam daran werkeln, dass bei

der nächsten Onlinesuche zum Thema „Liebe“ mehr zu *der* Liebe kommt, die wir in dieser Welt brauchen!

Die Liebe: Gott packt mich

Wie war das bei Ihnen? Wie hat Gott Sie gepackt? Womit hat er Ihr Herz erobert? Ich hoffe, Sie haben das bereits erlebt. Falls nicht, legen Sie es auf jeden Fall darauf an! Es gibt nichts Schöneres, als an Gottes Seite durch diese Welt zu gehen. Da spreche ich aus jahrelanger begeisterter Erfahrung.

Bei mir war es die Liebe. Nicht, dass ich diese herzliche Umarmung Gottes dringend gebraucht hätte. Auch wenn ich während meiner Jugendtage unter Mobbing gelitten habe – ein Vakuum an Liebe gab es in meinem Leben eigentlich nie. Jemand hat mal treffend zu mir gesagt, dass man mir abspüre: Ich bin in ein Meer aus Liebe gebettet. Und das stimmt. Schon immer bin ich mit einer wunderbaren Familie beschenkt, mit tollen Eltern und einem wunderbaren großen Bruder. Heute kommen eine Schwägerin und gute Freunde dazu – und eine Lebensgemeinschaft, die ihresgleichen sucht. Auch wenn der Mann meines Lebens und meine eigene Familie noch fehlen – die Rahmenbedingungen meines Lebens in Sachen Liebe sind denkbar gut.

Trotzdem hat Gott mich genau hier gepackt: mit seiner Liebe. Es gab offensichtlich wohl doch auch in mir dieses Vakuum, von dem Blaise Pascal spricht: „Im Herzen eines jeden Menschen befindet sich ein von Gott geschaffenes Vakuum, das durch nichts Erschaffenes erfüllt werden kann als allein durch Gott, den Schöpfer, so wie er sich in Christus offenbart.“

Gott eroberte mein Herz, kurz bevor ich Abitur machte.

Unsere gemeinsame Geschichte begann aber viel früher. Meine Entscheidung, mein ganzes Leben dem Herrn dieser Welt anzuvertrauen, hat sich über Jahre angebahnt. Zeit und Stunde meiner Entscheidung kann ich nicht nennen. Aber der Sommer im Jahr 2000 war ein Meilenstein – seitdem gehe ich ganz bewusst keinen meiner Schritte mehr ohne Gott. Und seine Liebe begleitet mich behutsam auf Schritt und Tritt.

Seit ich denken kann, betete meine Mutter mit mir und meinem großen Bruder jeden Abend dieses Gebet:

Müde bin ich, geh' zur Ruh',
schließe beide Äuglein zu.
Vater, lass die Augen dein
über meinem Bette sein.
Hab ich unrecht heut getan,
sieh' es, lieber Gott, nicht an!
Deine Gnad' und Jesu Blut
machen allen Schaden gut.[2]

Das hat mich geprägt – diese Zeilen bete ich heute mit meinem Patenkind, und ich werde sie auch auf meinem Sterbebett noch aufsagen können, da bin ich mir sicher. Der Glaube war in unserer Familie nie wichtig – aber irgendwie doch sehr präsent. Vielleicht sollte ich eher sagen, dass die Kirche nicht so wichtig war. Jedenfalls nicht so wichtig wie der Sport. Sonntags waren wir alle eher in Turnhallen als in Kirchen zu finden. Aber im Kirchenchor sangen wir mit, und Weihnachten und Ostern gingen wir Tschages auch wie viele andere selbstverständlich zum Gottesdienst. Das mütterliche Abendgebet prägte mich über Jahre. Genauso wie der Kindergottesdienst, zu dem ich gemeinsam mit meinem Bruder immer wieder ging. Und wie die Kinderbibelwochen, die ich besuchte. Denn ich verbrachte meine Kindheit in Mittelhessen, einer sehr frommen Gegend Deutschlands. Unsere Nachbarn waren freikirchlich aktiv: Die Mutter der Familie im Haus nebenan versammelte regelmäßig Kinder in ihrem Wohnzimmer zum Kinderbibelkreis und lud dann auch zur örtlichen Kinderbibelwoche ein. Klein Tina ging hin – und es prägten sich Lieder wie diese ein, die ich genauso wie das Abendgebet bis heute mitsingen kann: „Ja, Gott hat alle Kinder lieb, jedes Kind in jedem Land. Er kennt alle ihre Namen, alle ihre Namen, hält uns alle, alle in der Hand."

Aufgrund dieser Kirchenkarriere und der grundsätzlichen Affinität unserer Familie zu Kirche und Glaube entschloss ich mich wie selbstverständlich zur Konfirmation. Als drei Monate altes Kind war ich schon getauft worden, und ich bin bis heute überzeugt, dass meine Eltern im Herbst 1982 wussten, was sie taten. Also war meine Konfirmation als 13-Jährige der nächste Schritt in meiner Glaubenskarriere. In dieser Zeit begann ich, regelmäßig selbst in der Bibel zu lesen und so etwas wie „Stille Zeit" zu halten. Zudem lud mich meine damals beste Freundin – Tochter der Frau, die mich und andere Kinder aus der Nachbarschaft zum Kinderbibelkreis versammelt hatte – in die örtliche Freikirche zum Teenkreis ein. Ich fühlte mich wohl in der Horde Heranwachsender, die sich mit Gott und seinem Wort beschäftigten. Meine Konfirmation im Mai 1996 erlebte ich dann sehr bewusst: Meine Entscheidung für Gott war gefallen. Irgendwie – und was immer das konkret für mein Leben bedeuten sollte. In den Folgejahren wuchs ich in den Jugendkreis der Freikirche hinein, wurde später Mitarbeiterin – und mein Eifer für den Herrn wuchs stets mit.

Wie war das bei Ihnen? Können Sie sich erinnern, inwieweit Sie möglicherweise als Kind mit Gott in Berührung kamen?

Es war das Millenniumsjahr, in dem sich bei mir eine Menge tat. Ich wurde auf der Osterfreizeit der kirchlichen Kreisjugend zur „Miss Osterfestival“ gewählt – was für ein Erlebnis! – und entschied mich anschließend, meine Sommerferien auf der Weltausstellung EXPO in Hannover zu verbringen. Der CVJM und andere christliche Werke hatten dort gemeinsam den „Pavillon der Hoffnung“ aufgestellt: ein Gebäude in Form eines großen Walfisches, in dem wir den Besuchern der Weltausstellung die biblische Geschichte von Jona als Zeichentrickfilm zeigten und auf vielfältig kreative und, wie ich bis heute finde, wunderbare Weise den christlichen Glauben vermittelten. Ich habe also im Sommer 2000 zahlreichen EXPO-Besuchern von Gott erzählt, mit Hunderten Volunteers meine Schichten abgearbeitet und mich irgendwie ganz nebenbei selbst einer wichtigen Entscheidung genähert. Ich weiß noch genau, wie ich damals mit irgendjemandem auf einer Steinmauer vor dem großen Walfisch saß und sagte, dass ich mein Leben mit Haut und Haaren an Gott abtreten möchte. Jetzt. Nicht, dass es nicht ohnehin schon ihm gehört hätte, ihm als meinem Schöpfer. Aber ich stand ein Jahr vor meinem Abitur und die Frage nach meiner Berufswahl beschäftigte mich sehr. In diesem Sommer wurde mir klar, dass ich hier keine einsame Entscheidung treffen würde, sondern dass es fortan Gottes Sache sein sollte, mich in dieser Welt einzusetzen. Auch, was meinen Beruf anging. Meine Liebe zu Gott war auf ein solch großes Maß angewachsen, dass diese Entscheidung für mich in diesem Sommer völlig eindeutig war.

Können Sie sich noch erinnern, wann, wie und mit wem Sie eine Entscheidung für ein Leben mit Gott getroffen haben? Vielleicht treffen Sie diese Entscheidung auch immer wieder? Oder sie steht noch aus?

In meinem Leben hat Gott über die Jahre still, heimlich, behutsam, aber sehr nachhaltig mein Herz erobert. Mit seiner

Liebe. Die war und ist es, was mich an Gott bis heute am meisten begeistert. Auch seine Gnade, seine Barmherzigkeit, seine Treue, seine Vergebung und das alles sind mir sehr wichtig. Aber die Liebe fasziniert mich am meisten.

Was fasziniert Sie an Gott am meisten?

Manch einer meint ja, Christsein hätte was mit Religion zu tun. In Kanada habe ich hingegen gehört: „Christianity is not about religion, but about relationship“ – zu Deutsch: Im Christsein geht es weniger um Religion als um Beziehung. Was das heißen kann, entdecken Sie im nächsten Kapitel.

Die Spitzenaussage aller Gebote

Ich begegne aufgrund meiner Arbeit sehr häufig Menschen, die mit der Kirche nichts (mehr) zu tun haben – oder bewusst haben wollen. Im Gespräch betonen sie dann aber häufig, dass sie schon noch glauben – an einen Gott, an die Liebe, an das Leben. Meist sind das meine Brautpaare, die Eltern oder Paten von Kindern, die ich segne, oder die Hinterbliebenen von Verstorbenen, deren Trauerfeier ich begleite. Je länger ich diese Arbeit mache, desto klarer wird mir: So ungläubig sind wir alle gar nicht. Aber mit Institutionen – oder auch Religion – tun sich die Menschen schwer.

Umso glücklicher bin ich, wenn gerade diese Institutionen – besonders Kirchen – Aktionen starten, die mich begeistern. Und die Menschen wieder dem Christsein und Christus näherbringen wollen.

Als ich mit der Arbeit an diesem Buch begann, flog mir Post ins Haus: Es war ein Bierdeckel, gestaltet von der Agentur „gobasil“.

Diese Aktion der Evangelischen Kirche in Hessen und Nassau zielt ins Jahr 2017, dem 500. Reformationsjubiläum. Die Kirche will ihre Schäflein auf diese kreative Weise wieder zum gemeinsamen Gottesdienst einladen. Und zum Glauben.

Im begleitenden Brief schreibt Dr. Volker Jung, derzeitiger Präsident dieser Kirche, nach einer freundlichen Anrede:

> *Gibt es etwas, woran ich mich immer orientieren kann? Wer oder was sagt mir, worum es im Leben eigentlich geht? Die Bibel erzählt, dass Jesus genau dies einmal gefragt wird, und zwar mit den Worten: „Welches ist das höchste Gebot?" Seine Antwort fällt kurz aus. Er zitiert zwei Kernsätze aus dem Alten Testament. Im Grunde genommen leicht zu merken: „Liebe Gott. Und liebe deinen Nächsten wie dich selbst." (Matthäusevangelium, Kapitel 22,34ff.) Damit – so sagt Jesus – sind alle Gebote zusammengefasst. Das heißt: Die Spitzenaussage aller Gebote ist die Liebe. Um die Liebe geht es im Leben. Und sie ist der Kompass fürs Leben.*[3]

Ich freue mich immer noch sehr, dass eine große deutsche Landeskirche dieses Thema in so einer wunderbar kreativen Form aufgegriffen hat und ins Gespräch bringt. Dass sie damit die Leute ins Gespräch bringt. Und dass sie die Leute zum Bibellesen motiviert.

Volker Jung zitiert aus dem Matthäusevangelium. Tatsächlich kommt diese Spitzenaussage im Neuen Testament auch in den Evangelien von Markus und Lukas vor. Und auch Johannes hat zum Thema Liebe was zu sagen. In den vielen neutestamentlichen Briefen finde ich dann die praktische Umsetzung. Aber der Ursprung dieses Doppelgebots der Liebe liegt im Alten Testament, ganz am Anfang der Geschichte Gottes mit seinem Volk.

Kompass fürs Leben

Das, was ich heute als „Doppelgebot der Liebe“ kenne, sind eigentlich zwei erst einmal völlig voneinander unabhängige Verse aus den Gesetzbüchern des Mose. Recht weit vorne in meiner Bibel finde ich das dritte Buch Mose und im 19. Kapitel in Vers 18 diese klare Aufforderung: *„Du sollst deinen Nächsten lieben wie dich selbst; ich bin der Herr“* (3. Mose 19,18b; LUT). Die Leute, die sich mit Bibelauslegung auskennen, sind sich einig: Hier geht es um Verhaltensregeln im täglichen Miteinander. Das Volk Israel war eine große Truppe – da ging es nicht ohne Regeln. Dieses Liebesgebot drückt die Forderung nach uneingeschränkter Solidarität in dieser Gemeinschaft aus. Mit „Nächstem“ war hier zunächst jeder im Volk gemeint. Aber auch die Fremden, die mit ihnen lebten und sich damit gleichermaßen an diese Regeln zu halten hatten – und denen gegenüber man sich an diese Regeln zu halten hatte. Klar, das Zusammenleben sollte ja funktionieren. Und Zusammenleben funktioniert nur, wenn man sich achtet. Darum ging es hier: um den Frieden in dieser großen Gemeinschaft von Menschen. Und darum, den umliegenden Völkern zu zeigen, dass sie ein anständiges Volk sind, selbst nette Nächste, also Nachbarn.

Wenn ich in meiner Bibel ein Stück weiterblättere und beim fünften Buch Mose im 6. Kapitel lande, dann lese ich in Vers 5 den zweiten Teil des Doppelgebotes: *„Du sollst den Herrn, deinen Gott, lieb haben von ganzem Herzen, von ganzer Seele und mit all deiner Kraft“* (5. Mose 6,5; LUT). Dieser kurze Satz ist eingebettet in das, was ich als das jüdische Gebet und Bekenntnis „Sch’ma Israel“, zu Deutsch „Höre, Israel“, kenne. Für gläubige Juden gehören diese Worte bis heute zum täglichen Gebet: *„Höre, Israel, der Herr ist unser Gott, der Herr allein“* (5. Mose 6,4; LUT). Ich merke: Hier geht es um viel mehr, als nur darum, anständig und verbissen alle Gesetze zu halten. Das Judentum ist voller Gesetze, es gibt weit mehr als die Zehn Gebote, die wir gemeinhin kennen. Dieser Vers 5 macht deutlich: Es geht um eine vollständige und bewusste Hingabe an Gott – und an seine Gesetze. Der biblische Autor drückt das mit „Herz, Seele und Kraft" aus und will sagen: Gott fordert herzliche Loyalität statt sturer Gesetzestreue. Und: Zur Liebe zu Gott gehört auch immer die Liebe zum Nächsten. Damit das Leben in der großen Gemeinschaft funktioniert.

Lesen Sie diese beiden Gebote doch einmal an ihren Ursprüngen nach. Die Verse drum herum sind durchaus interessant!

Diese beiden Gebote haben die verschiedensten Lehrer – jüdische, christliche und philosophische – dann in der neutestamentlichen Umwelt übernommen und zu diesem Zweiklang zusammengefügt: „Du sollst den HERRN, deinen Gott, lieben und deinen Nächsten wie dich selbst." So zum Beispiel der jüdisch-hellenistische Philosoph Philo, der in den ersten Jahrzehnten nach Christus gelebt hat und das Doppelgebot als eine Art Kardinaltugend für die Menschheit verkündet: *„Es gibt sozusagen zwei Grundlehren, denen die zahllosen Einzellehren und -sätze untergeordnet sind: in Bezug auf Gott das Gebot der Gottesverehrung und Frömmigkeit, in Bezug auf Menschen das der Nächstenliebe und Gerechtigkeit."*[4] Aus Geboten Tugenden zu machen – das war für die ersten Christen hilfreich, wenn es darum ging, ihren Glauben in ihrer meist ungläubigen Umgebung zu leben und zu bekennen. Tugenden waren nämlich in der damaligen, von Philosophen geprägten Zeit viel attraktiver als Gesetze und Gebote.

Zur Liebe zu Gott gehört auch immer die Liebe zum Nächsten. Damit das Leben in der großen Gemeinschaft funktioniert.

Aber die Liebe zu Gott und zu den Menschen war für Jesus weit mehr als eine Tugend. Jesus selbst betonte die alttestamentliche Absicht dieser zwei Gebote ganz neu und machte klar: Die Liebe zu Gott und die Liebe zu den Mitmenschen ist der unbedingt notwendige Kompass fürs Leben, der die richtige Richtung im Reich Gottes und im Leben weist.

Jesus war ja ständig im Gespräch mit den schlauen Frommen seiner Zeit, mit Schriftgelehrten, Gesetzeslehrern und Pharisäern. In den Evangelien des Matthäus und des Markus wird uns je ein Gespräch zwischen Jesus und so einem schlauen Frommen geschildert. Beide Male wurde Jesus aufgefordert, das wichtigste, höchste Gebot des Gesetzes zu nennen.

Diese Frage war für Juden alltäglich; ständig beschäftigte man sich damit, die 613 Gebote – 365 negative, 248 positive[5] – in irgendeiner sinnvollen und vor allem gesetzlich korrekten Art und Weise zusammenzufassen. Die Gesetzeslehrer damals waren also gefordert – so auch Jesus. Er antwortete auf die Frage nach dem höchsten Gebot mit dem Zitat der zwei Verse aus dem Alten Testament, die Sie nun schon kennen: „*‚Du sollst den* H*ERRN*, *deinen Gott, lieben von ganzem Herzen, von ganzer Seele und von ganzem Gemüt.‘ Dies ist das höchste und größte Gebot. Das andere aber ist dem gleich: ‚Du sollst deinen Nächsten lieben wie dich selbst‘*“ (Matthäus 22,37-39; LUT).

Die Liebe zu Gott und die Liebe zu den Mitmenschen ist der unbedingt notwendige Kompass fürs Leben.

Zwei eigentlich getrennt voneinander festgeschriebene Gebote zusammenzustellen, war übrigens eine ganz übliche rabbinische Tradition. Wenn sich in beiden Versen auch nur ein Wort glich, ging die Zusammenfassung in Ordnung. In diesen beiden Versen ist das Wort „lieben“ der Schlüssel. Es brachte den Vers aus dem dritten Buch Mose mit dem Vers aus dem fünften Buch Mose zusammen – und sie gingen fortan gemeinsam als Ansage für alle Gläubigen durch deren Leben.

Ein bisschen anders verhält es sich mit der Aufzeichnung dieses Gespräches im Markusevangelium. Denn hier stellte Jesus seiner Antwort – wie im Ursprungstext im fünften Buch Mose – dem Doppelgebot das Sch'ma Israel voran: *„Das höchste Gebot ist das: ‚Höre, Israel, der HERR, unser Gott, ist der HERR allein, und du sollst den HERRN, deinen Gott, lieben von ganzem Herzen, von ganzer Seele, von ganzem Gemüt und von allen deinen Kräften'. Das andere ist dies: ‚Du sollst deinen Nächsten lieben wie dich selbst'. Es ist kein anderes Gebot größer als diese"* (Markus 12,29-31; LUT). Damit betonte er einmal mehr, dass es nur einen einzigen Gott gibt, dem ich mein Leben anvertrauen sollte. In der damaligen Zeit, in der – ähnlich wie heute auch – Vielgötterei und philosophische Theorien den Markt der Spiritualität fluteten, war das ein wichtiges Statement. Jesus betonte die Grundlage des christlichen Glaubens – und fügte charmant hinzu, dass sich die Liebe zu dem einen Gott auch aktiv zeigen müsse: nämlich in der Liebe zum Nächsten.

Liebe und Barmherzigkeit: Das perfekte Team

Der Evangelist Lukas macht es dann ganz anschaulich: Er gesellt zum Doppelgebot der Liebe die Geschichte des barmherzigen Samariters. Anders als bei Matthäus und Markus ist hier, dass Jesus nicht auf die Frage nach dem wichtigsten oder höchsten Gebot zu antworten hat, sondern auf die Frage nach dem ewigen Leben: *„Ein Gesetzeslehrer wollte Jesus auf die Probe stellen. ‚Meister', fragte er, ‚was muss ich tun, um das ewige Leben zu bekommen?'"* (Lukas 10,25; NGÜ).

Jesus war ein Rabbi – er antwortete mit einer Gegenfrage,

so wie das in der jüdischen Schultradition üblich war: *„Jesus entgegnete: ‚Was steht im Gesetz? Was liest du dort?'"* (Lukas 10,26; NGÜ). Der Schriftgelehrte antwortete prompt und für einen Juden durchaus angemessen: *„‚Du sollst den HERRN, deinen Gott, lieben von ganzem Herzen, mit ganzer Hingabe, mit aller deiner Kraft und mit deinem ganzen Verstand!' Und: ‚Du sollst deine Mitmenschen lieben wie dich selbst!'"* (Lukas 10,27; NGÜ). Für diese Antwort gab es von Jesus 100 Punkte: *„‚Du hast richtig geantwortet', sagte Jesus. ‚Tu das, und du wirst leben'"* (Lukas 10,28; NGÜ).

Die Fragen nach dem ewigen Leben beschäftigen die Menschen also schon immer: Wie komme ich in den Himmel? Wie werde ich gerettet? Denken Sie darüber auch manchmal nach?

Jesus weiß die Antwort – und die überrascht manch einen. Es sind nicht die Taten und das sture Halten von Gesetzen und Geboten, die mir die Freikarte für den Himmel sichern. Formaler Gehorsam zählt nicht. Jesus kommt es aufs Herz an: auf meine Einstellung, meine Verpflichtung, mein Engagement – auf meinen Lebensstil. Der zeigt sich in der vollen Liebe: im Herzen, in meiner Hingabe, in meiner Kraft und sogar in meinem Denken. Und diese Liebe zeigt sich dann auch in meinem Aufwand: in meiner Zeit, meinen Ressourcen, meinem Einsatz. Aber hier geht es nicht um fröhliches Wohlwollen und „Da-mache-ich-halt-mal-mit". Jesus macht klar: Das ist ein Gebot! Jesus fordert kein sentimentales Gehabe nach dem Motto „Wenn ich Lust habe und mich danach fühle". Er gebietet mir die Liebe! Die Liebe zu Gott und zum Nächsten.

Formaler Gehorsam zählt nicht. Jesus kommt es aufs Herz an: auf meine Einstellung, meine Verpflichtung, mein Engagement – auf meinen Lebensstil.

Denn Liebe ist das Fundamentalgesetz im Reich Gottes. Liebe ist Gottes Währung und sein einzigartiger Weg mit uns Menschen. In der Vergangenheit, der Gegenwart und der Zukunft. Denn die Frage des Schriftgelehrten zielt ja auf die Ewigkeit: Wie kann ich dabei sein im ewigen Reich Gottes? Wenn alles vergeht, was bleibt? Jesus sagt klar: die Liebe. Sie bleibt ewig – und an ihrem Maßstab werde ich gemessen, wenn es um das ewige Leben geht:

Nehme ich Gottes Liebe an? Spiegele ich sie wider in meinem Leben? Lebe ich sie aktiv in Liebe-vollen Taten meinem Nächsten gegenüber – unabhängig davon, ob er Samariter, Bruder, Schwester, Nachbar, Fremdling oder Flüchtling ist?

Der Schriftgelehrte hatte richtig geantwortet und ein Lob von Jesus bekommen. Aber so ganz geheuer schien ihm die Sache nicht – er fragte zu seinem Schutz und seiner Verteidigung nach: „*Und wer ist mein Nächster?*‘“ (Lukas 10,29). Er bekam eine eindrückliche Antwort von Jesus:

> *„Ein Mann befand sich auf der Straße von Jerusalem nach Jericho, als er von Räubern überfallen wurde. Sie raubten ihm seine Kleider und sein Geld, verprügelten ihn und ließen ihn halb tot am Straßenrand liegen. Zufällig kam ein jüdischer Priester vorbei. Doch als er den Mann dort liegen sah, wechselte er auf die andere Straßenseite und ging vorüber. Dann kam ein Tempeldiener und sah ihn ebenfalls dort liegen; doch auch er ging auf der anderen Straßenseite vorüber. Schließlich näherte sich ein Samariter. Als er den Mann sah, empfand er tiefes Mitleid mit ihm. Er kniete sich neben ihn, behandelte seine Wunden mit Öl und Wein und verband sie. Dann hob er den Mann auf seinen eigenen Esel und brachte ihn*

zu einem Gasthaus, wo er ihn versorgte. Am nächsten Tag gab er dem Wirt zwei Denare und bat ihn, gut für den Mann zu sorgen. ‚Sollte das Geld nicht ausreichen', sagte er, ‚dann werde ich dir den Rest bezahlen, wenn ich das nächste Mal herkomme.' Wer von den dreien war nun deiner Meinung nach der Nächste für den Mann, der von Räubern überfallen wurde?", fragte Jesus. Der Mann erwiderte: „Der, der Mitleid hatte und ihm half." Jesus antwortete: „Ja. Nun geh und mach es genauso."

Lukas 10,30-37

Die Liebe zu Gott zeigt sich in meinem Tun. Um nichts weniger geht es beim Liebesgebot – und um nichts weniger geht es beim Glauben. Das wusste auch der Reformator Martin Luther: „Gute Werke sind des Glaubens Siegel und Prob; denn gleich wie die Briefe müssen ein Siegel haben, damit sie bekräftigt werden, also muss der Glaube auch gute Werke haben."

An dieser Stelle könnte ich in dieses nicht seltene Muster verfallen, dass ich gute Werke tun müsste, um Gottes Liebe zu erfahren und gerettet zu werden. Das stimmt nicht. Es ist und bleibt mir zwar ein Geheimnis, wie das Verhältnis von „ich tue etwas" und „ich glaube nur" tariert werden muss, damit es für mich am Ende reicht. Aber ich hänge als Theologin auch sehr an dem, was die Reformatoren in ihren Grundfesten stets betont haben: *sola fide* – Glaube allein. Der Glaube allein reicht, um mich am Ende durchzubringen. Aber klar ist auch, dass der Glaube niemals allein bleibt. Zu ihm gesellen sich automatisch die guten Werke, sagt auch Martin Luther: „Der Glaube ist der Anfang aller guten Werke."[6] Oder wie die Theologin und Autorin Christina Brudereck mal sagte:

Wenn du Gott liebst, und es führt nicht dazu, dass du andere Menschen lieb gewinnst, dann stimmt was nicht.

Und wenn du Gott liebst und dich selber nicht lieb gewinnst, dann stimmt was nicht. Und wenn du Gott liebst und deine Feinde hasst, schikanierst, beleidigst, folterst, tötest, statt auf das Konzept der Entfeindungsliebe Gottes zu vertrauen, dann stimmt was nicht. So lebte es Jesus.[7]

Mein Glaube hat Konsequenzen. Wird Konsequenzen haben. Falls nicht, sollte ich mal drüber nachdenken – sagt mir Jesus und gebietet mir eindrücklich die Liebe zu Gott und meinen Mitmenschen. Denn nur so kann es mit dieser Welt klappen. Nur die Liebe, die Gott in die Welt gebracht hat, kann die Basis allen Zusammenlebens sein. Diese Liebe beginnt immer mit der Beziehung. Nicht mit guten Taten. Eine Beziehung hängt immer an einer Entscheidung und weniger an individuellem Gefühl.

Viele meinen ja, Christen zu sein, weil sie gute Menschen seien. Man verhält sich anständig, krümmt niemandem ein Haar und tut so viel Gutes wie möglich. Das ist schön – aber das ist nicht der Kern dessen, was aus Gottes Sicht wichtig ist. Die Liebe beginnt mit der Liebe von Gott und führt weiter zur Liebe zu Gott. Mein eigener Vater hat das erst nach vielen Jahrzehnten verstanden, als Jesus ihn packte.

Name: Hartmut Tschage
Jahrgang: 1948
Beruf/Tätigkeit: Pensionierter Schulleiter
Leidenschaft: Begegnungen und Neues kennenlernen

Alles richtig gemacht?

Ja, in der Tat, es ist so: Man meint, Christ zu sein, weil man ein guter Mensch ist, sich anständig verhält, niemandem etwas Böses tut, gute Nachbarschaft pflegt, Mitmenschen gegenüber aufgeschlossen und verträglich ist, eine intakte Familie hat, seine Kinder ordentlich und verantwortungsvoll erzieht, eine faire Ehegemeinschaft lebt und zu besonderen Tagen auch noch in die Kirche geht. Im Beruf war ich erfolgreich, wurde geachtet. Es fehlte mir eigentlich nichts. Was soll da nicht stimmen? Durch meine Kinder und meine Ehefrau erhielt ich Anstöße, dass diese Art zu leben nicht ausreicht, um Christ, um gläubiger Christ zu sein. Es begann ein Prozess, bis ich den Schritt zum „echten" Christen gehen konnte. Bis dahin war ich davon überzeugt, ein ordentlicher Christ zu sein, der keine Zweifel hat, ein verantwortungsvolles Leben zu führen.

Es begann ein Prozess, bis ich den Schritt zum „echten" Christen gehen konnte.

Ich wurde neugierig und ließ mich immer mal wieder überreden, in den Gottesdienst einer Freien evangelischen Gemeinde (FeG) zu gehen. Das fiel mir anfangs nicht leicht, da ich mich als landeskirchlicher Christ fühlte. Es war für mich wie ein Verrat an meinem bisherigen Glauben. Die FeGler schienen mir von meinen Glaubenseinstellungen fundamentalistisch und weit entfernt. Aber mit den immer häufigeren Besuchen im Gottesdienst wuchs durchaus meine Neugier an Menschen, die ihren Glauben intensiver, tiefer und überzeugender lebten.

Der 11. September 2001, der Tag der Terroranschläge in den USA, brachte für mich den Wendepunkt. Unsere Tochter Tina, die in den vorhergehenden Monaten einen gravierenden Wandel in ihren persönlichen Einstellungen und Lebenszielen vollzogen hatte, wollte am 13. September für ein Jahr nach Kanada fliegen, um eine Bibelschule zu besuchen. Das war nach diesem Terroranschlag an diesem Tage nicht mehr möglich. Nichts ging mehr. Die Welt war wie paralysiert. Auch meine Familie war wie gelähmt. Die ganze Nacht haben wir durchdiskutiert, was nun aus der beabsichtigten Reise nach Kanada werden sollte. Ich flehte meine Tochter an, dass sie nicht fliegen möge und in Deutschland bliebe. Aber unsere Tochter war in dieser verzweifelten Situation dermaßen unaufgeregt - ich habe sie dafür bewundert - und versuchte mich zu beruhigen, dass es schon Lösungen geben werde. Die Nacht und der nächste Morgen waren für mich schauderhaft. Am nächsten Morgen ging ich vollkommen übermüdet und verzweifelt in meine Schule. Ich war Schulleiter, und an diesem Tag allein, ohne meine beiden Sekretärinnen. Alle Telefonanrufe landeten direkt bei mir. Das lenkte mich von meinen dunklen Gedanken ab. Den Vormittag verbrachte ich eher schlecht als recht. Mir ging es nach diesem furchtbaren Terroranschlag in Amerika und dem Wissen um die mögliche Reise meiner Tochter gar nicht gut.

Um 11.30 Uhr klingelte mein Telefon. Auf der Gegenseite sprach mich ein Mann an, den ich vor einem Jahr beim Evangeliums-Rundfunk (ERF) in Wetzlar bei einer Fernsehaufnahme mit Schülern meiner Schule und mir kennengelernt hatte. Meine Schule war mit einem sozialpädagogischen Projekt in der Medienöffentlichkeit aufgefallen. Der besagte Anrufer war seinerzeit der Aufnahmeleiter beim ERF. Das Gespräch begann damit, dass mich Herr R. fragte, wie es mir denn gehe. Was für eine merkwürdige Frage nach den Geschehnissen einen Tag vorher! Ich vermittelte ihm also meine Gefühlslage. Das Gespräch drehte sich unter anderem um die Frage, wie Gott so ein grausames Verbrechen mit mehreren Tausend Toten zulassen könne. Herr R. gab mir theologisch akzeptable Antworten, auch wenn ich das nicht richtig verstehen wollte oder konnte. Ich fragte Herrn R. irgendwann, warum er mich denn angerufen habe, da ich vor zwölf Monaten lediglich mit ihm einen einmaligen Kontakt hatte und sonst nie wieder. Herr R. erklärte mir, dass Gott ihn beauftragt habe und er wisse, dass es mir nicht gut gehe und ich ihn bräuchte. Das war doch unmöglich, das gab es doch gar nicht! Herr R. erklärte mir ebenso, dass ich meine Tochter nach Kanada auf die Bibelschule reisen lassen sollte, denn der Herr wolle das so, und ich bräuchte keine Sorge haben.

In dieser Situation verstand ich das alles nicht. Ich war total irritiert. Ich fragte ihn, ob er denn Kontakt mit meiner Tochter habe und er von ihr wisse, dass sie nach Kanada reisen wolle, um eine Bibelschule zu besuchen. Herr R. bestätigte mir lediglich, dass er von Gott einen Auftrag erhalten habe, mich anzurufen, weil er wusste, dass ich litte und es mir nicht gut gehe. Das war unglaublich, eigentlich nicht vorstellbar.

Nach einem halbstündigen Gespräch klingelte es zur Pause in der Schule. Herr R. fragte mich noch, ob er mit mir beten dürfe. Herr R. betete mit mir, und wir beendeten anschließend das Gespräch.

Von diesem Moment an fühlte ich mich befreit. Mir

ging es wieder gut, ich war hoffnungsvoll und zuversichtlich.

Zu Hause angekommen, erzählte ich meiner Familie, besonders meiner Tochter, von diesem wundersamen Gespräch. Meine Tochter antwortete lediglich: „Ja, Papa, so ist Gott!" Eine unfassbare Äußerung. Fortan ließen mich meine Gedanken an diese wunderbaren Geschehnisse, an dieses wunderbare Geschenk nicht mehr los. Meine Tochter flog nach zahllosen Recherchen und Klärungen mit den Fluggesellschaften am 20. September 2001 nach Kanada und verlebte dort eine einjährige, wunderbare Zeit. Wir als Eltern waren nach diesem Gotteserlebnis absolut zuversichtlich, angstfrei und vertrauensvoll.

Von diesem Moment an hatte ich begriffen, dass es Gott gibt, dass Gott mich liebt, dass er mich berührt hat, dass er wollte, dass ich mich zu ihm bekenne und eine feste, dauerhafte Beziehung zu ihm aufnehme. Er kannte mich schon immer, hatte mich nie aufgegeben und wollte, dass nach meinen Kindern und meiner Ehefrau nun auch ich zu ihm gehöre.

Eine solche Beziehung kannte ich noch gar nicht. Mit mir war etwas Wundervolles geschehen. Gott hatte mich berührt. Das war ein Geschenk, und ich war bereit, dieses einmalige Geschenk anzunehmen.

Mein Leben veränderte sich zusehends. Gottesdienste in der FeG wurden für mich ein Erlebnis. Ich saugte die Predigten und die Besuche regelrecht in mich auf. Meine Ehefrau und ich traten sogar in die Gemeinde ein.

Durch den gewonnenen Glauben und der wahren Neuausrichtung, das Wissen um die Liebe Gottes, wurde vieles im täglichen und beruflichen Leben leichter. Eine berufliche Krise konnte ich mit dem Wissen um die Gottesliebe und der Fähigkeit der Vergebung meistern.

Ich wusste: Gott steht mir bei. Mir war auch klar, dass Gott in den Jahrzehnten vorher, in der Beziehung zu meiner Ehefrau, in dem wunderbaren Geschenk meiner beiden Kinder, schon immer in mir gelebt und er mich nie fallen gelassen hatte. Nur war ich vorher noch nicht in der Lage, diese Beziehung zu erkennen und bewusst zu leben.

Seit den Geschehnissen rund um den 11. September 2001 und dem wunderbaren Gespräch mit Herrn R. weiß ich, dass es Gott gibt, dass Gott mich liebt, mein Leben führt und lenkt. Ich erkenne in meinen Kindern und meiner Ehefrau das Geschenk Gottes und die Liebe Gottes.

Seit fünf Jahren wohnen meine Ehefrau und ich in Berlin. Wir sind nach unserer Pensionierung aus einer Kleinstadt in Mittelhessen bewusst in diese aufregende Stadt Berlin gezogen. Wir brauchten die Großstadt, ihre Kultur und Gesellschaft. Wir wissen, dass auch dieser bedeutsame Wechsel nach Berlin eine Fügung unseres Herrn war. Wir haben hier eine wunderbare Gemeinde gefunden, genießen die Gottesdienste, pflegen Kontakte zu Gemeindemitgliedern und fühlen uns geborgen. Das Leben hat mit dem bewussten Glauben, dem Wissen, dass Gott da ist und uns liebt, einen Richtungswandel und eine Neuorientierung gefunden. Diese Umkehr ist pure Freude, eine Umkehr zum Leben! Jesus hat sinngemäß gesagt: Gott hat Freude über einen Sünder, der ein neues Leben anfängt (vgl. Lukas 15,7). Deswegen ist Freude angesagt bei jedem, der umkehrt. Umkehren, sich ändern oder neu orientieren ist nicht einfach. Aber Jesus, Gott, zeigt uns den Weg ins Leben. Er liebt uns, und er will uns Gutes, und deshalb lieben wir ihn.

Diese Umkehr ist pure Freude, eine Umkehr zum Leben!

Mich hat Jesus erreicht, mich hat er berührt, mich hat er gerufen, mich liebt er - und dafür bin ich dankbar. Die Liebe von ihm und zu ihm gibt uns die Kraft zur Umkehr.

Noch einmal zum Bierdeckel. Er bringt es auf den Punkt: Liebe Gott. Liebe dich selbst. Liebe deinen Nächsten. Klingt einfach. Ist es auch – irgendwie. Oder doch nicht? Lassen Sie es uns erkunden, indem wir den Liebeskreislauf gemeinsam Schritt für Schritt betrachten und herausfinden, wie die Liebe jeweils aussieht, was an welchen Stellen möglicherweise den Liebesfluss stört und wie wir diese Störungen auflösen oder mit ihnen umgehen lernen können.

Gott und ich

Alles beginnt mit Gott. Gott ist die Liebe und Gott liebt mich. Ich bin davon überzeugt, dass Gott mich Menschlein geschaffen hat, damit er ein Subjekt für seine unerschöpfliche und unermessliche Liebe hat: nämlich mich (und Sie! Vgl. Johannes 3,16 und 1. Johannes 4,16). Gott schenkt mir sein Herz!

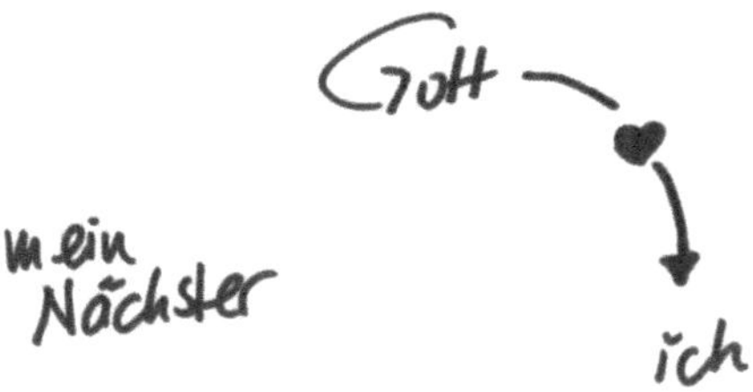

Dass es einen Gott gibt, der die Menschen liebt – das begeistert viele. Mich begeistert auch, dass es oftmals Nichtchristen sind, die diese Tatsache begeistert. 2015 hat der muslimische Schriftsteller Navid Kermani den Friedenspreis des Deutschen Buchhandels bekommen. Kermani sei eine der wichtigsten Stimmen in unserer Gesellschaft, die Menschen unterschiedlichster nationaler und religiöser Herkunft ein friedliches Zusammenleben ermöglichen müsse, hieß es in der Begründung. In seinem damals aktuellen Buch *Ungläubiges Staunen: Über das Christentum* nähert sich der Muslim Kermani dem christlichen Glauben über die Kunst: Er schaute sich intensiv Gemälde mit heiligen Motiven von Botticelli, Caravaggio oder Rembrandt an und entdeckte darin nichts weniger als die Liebe:

> *Wenn ich etwas am Christentum bewundere, oder vielleicht sollte ich sagen: an den Christen, deren Glauben mich mehr als nur überzeugte, nämlich bezwang, aller Einwän-*

de beraubte, wenn ich nur einen Aspekt, eine Eigenschaft zum Vorbild nehme, zur Leitschnur auch für mich, ist es die Liebe, insofern sie sich nicht nur auf den Nächsten bezieht. In anderen Religionen wird ebenfalls geliebt, es wird zur Barmherzigkeit, zur Nachsicht, zur Mildtätigkeit angehalten. Aber die Liebe, die ich bei vielen Christen und am häufigsten bei jenen wahrnehme, die ihr Leben Jesus verschrieben haben, den Mönchen und Nonnen, geht über das Maß hinaus, auf das ein Mensch auch ohne Gott kommen könnte: Ihre Liebe macht keinen Unterschied.[8]

Es ist die Liebe, die viele Nichtchristen begeistert. Diesen Gott, der einfach nur liebt – den kennen die wenigsten aus ihrer Religion. In einer Predigt habe ich einmal gehört – und seitdem erzähle ich es allen weiter: „Ich kann nichts tun, dass Gott mich mehr liebt. Ich kann aber auch nichts tun, dass er mich weniger liebt." Gottes Liebe zu mir als Mensch ist absolut bedingungslos. Sie ist die Basis meines Lebens. Allen Lebens. Diese Liebe begeistert – einen Muslim genauso wie einen Hinduisten und einen Buddhisten. Und mich als Christin?

Wie sehr begeistert mich diese Liebe? Und Sie?

Oftmals wünsche ich mir da schon allein für mich selbst mehr Eifer, mehr Begeisterung, mehr Staunen. Die Liebe scheint hingegen ganz normal geworden zu sein. Ich habe heute nichts mehr zu fürchten, so scheint es. Denn Gott ist ja Liebe. Alles gut. Egal, was ich mache, wie ich lebe.

Ich fürchte, so einfach ist es nicht.

Christliches Leben heißt: Agape

Von welcher Liebe spreche ich hier eigentlich? Das ist einfach. Mancher Pflegedienst ist nach ihr benannt und auch viele Gemeinden tragen ihren Namen: Agape. Ein griechisches Wort, das das häufigste Wort für die Liebe im Neuen Testament ist und schlicht die christliche Liebe bezeichnen will. Agape ist das Wort für christliches Leben, das Wort für die Basis aller christlichen Lehre. Und es ist auch *das* Wort, das im sogenannten Doppelgebot der Liebe gebraucht wird, wenn es heißt: „*‚Du sollst den* HERRN, *deinen Gott, lieben von ganzem Herzen, mit ganzer Hingabe, mit aller deiner Kraft und mit deinem ganzen Verstand!' Und: ‚Du sollst deine Mitmenschen lieben wie dich selbst!'*" (Lukas 10,27; NGÜ).

Agape ist das Wort für christliches Leben, das Wort für die Basis aller christlichen Lehre.

Agape.

Mit ihr wird das weite alttestamentliche Feld um das hebräische Wort *ahava* ins Neue Testament gebracht. Das war in den Zeiten, als das Volk Israel umherwanderte, etwas Besonderes: dass es einen Gott gab, der sein Volk liebte. Normal war damals, dass es einen Gott gab, der von einem König verehrt wurde, dessen Volk wiederum den König verehrte. Eine Art heilige Stellvertreterbeziehung. Das Volk Israel hingegen hatte schon immer den direkten Draht nach oben: einen Gott, der es liebte und den zu lieben – nur den einen zu lieben – höchstes Gebot war. Dieses Liebesverhältnis war damals einzigartig. Und ich möchte behaupten, dass es das bis heute ist. „Wer ist ein Gott wie du, der so bedingungslos liebt?", singe ich in mancher Liedstrophe und frage ich immer wieder in der Tiefe meines Herzens.

Ein Gott, viele Namen

Für diesen Gott gibt es viele Namen. Eine der ersten Einheiten während meiner Bibelschulzeit war „Die Charaktere Gottes". Wir haben uns eine Woche lang mit seinen Namen beschäftigt. Nicht, um die zu lernen – sondern um den tieferen Charakter Gottes zu entdecken, der sich in jedem seiner Namen ausdrückt. Die hebräische Sprache ist voller Bilder, in denen wiederum viele Emotionen stecken. Wenn ich also Gottes alttestamentliche Namen studiere, dann, um ihn selbst besser kennenzulernen.

Begonnen haben wir damals mit „Elohim". Diese hebräische Pluralform von „El", was schlicht „Gott" heißt, will mir sagen: Dein Gott ist der Allmächtige. Der, der alles unter Kontrolle hat. Der, der die Welt in seiner Hand hält. Der, der aus Finsternis Licht macht und der Ordnung in das Chaos bringt. Elohim ist der meistgebrauchte Name Gottes im Alten Testament. Und er macht klar, wie sehr sich Gott von den Menschen unterscheidet: *„Gott ist nicht ein Mensch, dass er lüge, noch ein Menschenkind, dass ihn etwas gereue. Sollte er etwas sagen und nicht tun? Sollte er etwas reden und nicht halten?"* (4. Mose 23,19; LUT).

Ein zweiter Name ist uns heute geläufiger, auch wenn gläubige Juden ihn nicht in den Mund nehmen: Jahweh. In diesem Namen steckt ein starkes Bekenntnis: *„Der Herr ist der rechte Kriegsmann, Herr ist sein Name"* (2. Mose 15,3; LUT). Das hebräische Verb, das im Namen Jahweh steckt, könnte ursprünglicher nicht sein: „Ich bin". Der Gott, der uns Menschen bedingungslos liebt, ist der wahre, der lebendige Gott. Der, der ist. Er ist das Leben, und er gibt das Leben. Nur er. Denn er ist der Einzige, wie er selbst seinem Volk eintrichtert: *„Ich bin der Herr, dein Gott, der ich dich aus Ägyptenland, aus der Knechtschaft, geführt habe. Du sollst keine anderen Götter haben neben mir"* (2. Mose 20,2-3; LUT) und wie sein Volk

Israel bis heute tagtäglich bekennt: *„Höre, Israel, der Herr ist unser Gott, der Herr allein“* (5. Mose 6,4; LUT).

Der Herr trägt hier, im Bekenntnis „Sch’ma Israel“, den Namen „Adonai“ – der dritte Charakter Gottes, mit dem wir uns damals zum Start der Bibelschule beschäftigt haben. *Adonai* – das ist Hebräisch und heißt nichts weniger als „mein Herr“. Herr, Meister, Inhaber – Adonai benennt denjenigen, der das göttliche Recht hat, in meinem Leben die Ansagen zu machen. Adonai ist eines der Ersatzworte, wenn Juden Jahweh nicht aussprechen. Und zugleich ist es immer auch ein Bekenntnis.

Was empfinden Sie bei den Namen, die Gott trägt? Elohim, Jahweh, Adonai – was geht da durch Ihren Kopf?

Alle diese Namen Gottes beschreiben, wer er ist. Der, der uns Menschen bedingungslos liebt. Der, der die Agape in die Welt gebracht hat. Das ist das Besondere, das Einzigartige am christlichen Glauben. Das, was Andersgläubige begeistert an meinem Gott. Ich kann mir das Rupfen der Blüten sparen. Die Fragen „Er liebt mich? Er liebt mich nicht?“ stellen sich nicht. Denn ich kann sicher sein, dass er mich liebt. Das lese ich in seinem Wort an mich – ein einziger Liebesbrief auf vielen Hundert Seiten mit Sätzen wie diesen:

Weil du in meinen Augen kostbar bist und wertvoll und weil ich dich liebe.

Jesaja 43,4

Ich habe dich schon immer geliebt. Deshalb habe ich dir meine Zuneigung so lange bewahrt.

Jeremia 31,3

Denn wir wissen, wie sehr Gott uns liebt, weil er uns den Heiligen Geist geschenkt hat, der unsere Herzen mit seiner Liebe erfüllt.

Römer 5,5

Ich kann sicher sein, dass er mich liebt.

Und dieser Gott zeigt seine Liebe zu uns auf deutliche, für manche auf martialische und grausame, fast unerträgliche Weise: „*Denn Gott hat der Welt seine Liebe dadurch gezeigt, dass er seinen einzigen Sohn für sie hergab, damit jeder, der an ihn glaubt, das ewige Leben hat und nicht verloren geht*" (Johannes 3,16; NGÜ). Das Kreuz, an dem Jesus Christus starb, ist für mich der Höhepunkt der Agape. An keinem anderen Ort zeigt sich die Liebe Gottes zu mir in solch intensiver, entschlossener Art und Weise. Es gab keine andere Möglichkeit, die Verbindung zwischen mir und meinem Gott wiederherzustellen, als durch dieses Opfer. Was das Volk Israel jahrhundertelang mit großem Kult auf Gottes Geheiß hin betrieben hat – Opfer bringen, um Gott angesichts ihrer eigenen Verfehlungen gnädig zu stimmen –, klärt Gott in der Geschichte am Kreuz ein für alle Mal und für alle Menschen. Auf dass jeder erkenne und bekenne: „*Wir haben erkannt, dass Gott uns liebt, und haben dieser Liebe unser ganzes Vertrauen geschenkt. Gott ist Liebe, und wer sich von der Liebe bestimmen lässt, lebt in Gott, und Gott lebt in ihm*" (1. Johannes 4,16; NGÜ).

Ich merke: Bei der Liebe geht es ums Leben, immer. Gott, der Lebendige, der Wahre und Einzigartige, schenkt mir Leben. Ein Leben in Fülle, das seinesgleichen sucht in der Welt.

Jeder Sonnenuntergang, den ich am Himmel bewundere, sagt mir: „Ich liebe dich!" Sonnenaufgänge mit einer Farbenpracht zwischen Rot, Orange, Pink und Gelb bezeugen das genauso. Ich selbst brauche überhaupt nur vor die Tür zu gehen, um die Liebe-volle Schöpferkraft Gottes zu bestaunen und seine Liebeserklärungen zu entdecken. Jedes Tier ist kunstvoll gemacht, jede Pflanze ist klug gestaltet – genauso wie ich als Mensch. In jeder Zelle meines Organismus steckt die Kraft des Schöpfers, der sich mir als der „Ich bin" vorstellt. Weil er ist, bin ich. Weil er mich liebt, liebe ich. Und seine Liebe hört nie auf. Das ist wohl eine der heilsamsten Botschaften, die ich je gehört habe:

Weil er ist, bin ich. Weil er mich liebt, liebe ich. Und seine Liebe hört nie auf.

> *Was kann man dazu noch sagen? Wenn Gott für uns ist, wer kann da noch gegen uns sein? Gott hat nicht einmal seinen eigenen Sohn verschont, sondern hat ihn für uns alle gegeben. Und wenn Gott uns Christus gab, wird er uns mit ihm dann nicht auch alles andere schenken? […] Kann uns noch irgendetwas von der Liebe Christi trennen? Wenn wir vielleicht in Not oder Angst geraten, verfolgt werden, hungern, frieren, in Gefahr sind oder sogar vom Tod bedroht werden? […] Ich bin überzeugt: Nichts kann uns von seiner Liebe trennen. Weder Tod noch Leben, weder Engel noch Mächte, weder unsere Ängste in der Gegenwart noch unsere Sorgen um die Zukunft, ja nicht einmal die Mächte der Hölle können uns von der Liebe Gottes trennen. Und wären wir hoch über dem Himmel oder befänden uns in den tiefsten Tiefen des Ozeans, nichts und niemand in der ganzen Schöpfung kann uns von der Liebe Gottes trennen, die in Christus Jesus, unserem Herrn, erschienen ist.*
>
> Römer 8,31-32.35.38-39

Angesichts dieser Wahrheit, die ich über die Jahre immer tiefer entdecke, bleibt mir nur ein mal stilles, mal lautes, mal fragendes, mal völlig überzeugtes „Wow".

Zweifel daran, dass Gott liebt

Und doch weiß ich, dass es unzählige Gründe gibt, an der Agape zu zweifeln. Umstände, diesen Gott zu hinterfragen, der diese Welt angeblich Liebe-voll und allmächtig in seiner Hand hält. Ich brauche nicht weit zu schauen, schon lande ich bei der verlassenen Ehefrau, deren Mann sie nicht mehr wollte. Beim Witwer, dessen Frau die Welt viel zu früh verlassen hat. Bei den Kindern, die ohne Eltern aufwachsen müssen. Bei der Nachbarin, die an Krebs leidend vor sich hinsiecht, und beim Vermieter, der den Kampf gegen die Depression auf einem Bahngleis für verloren erklärt hat.

> Oder beim Blick auf mich selbst. Schon in meinem Leben gab es unzählige Gründe, daran zu zweifeln, dass Gott mich liebt. Kennen Sie das auch? Was sind Ihre Gründe, zu zweifeln?

Gegen Ende meines Theologiestudiums war ich mit meinen Kräften völlig am Ende. Das zeigte sich im Sommer vor dem letzten Studienjahr in einem völligen Zusammenbruch. Ich war körperlich am Ende, krank und schwach. Mein Körper gab mir unmissverständlich zu verstehen, dass es so nicht weitergehen konnte: während des Semesters fast jedes Wochenende unterwegs sein und in den Semesterferien arbeiten, um das notwendige Kleingeld zu verdienen, damit das Studium finanziert ist und der Skiurlaub im Januar nicht ausfallen muss. In dieser Zeit entlarvte Gott eine krumme Einstellung bei mir: Ich dachte bis dahin, ich müsse viel *für* Jesus arbeiten und viel *für* Gott und sein Reich unterwegs sein, mich engagieren, auf Missionsfreizeiten anderen von ihm erzählen – und dabei mich selbst dem Herrn dieser Welt beweisen. In der Zeit meines „Fast-beinahe-Burn-outs", wie ich diese Begebenheit heute wertschätzend nenne, durfte ich lernen: Ich brauche Gott nichts zu beweisen. Ich darf mich seiner Liebe anvertrauen und mir ihrer sicher sein. Ich hörte dann auch diesen Satz: „Du kannst nichts tun, dass Gott dich weniger liebt. Du kannst auch nichts tun, dass er dich mehr liebt." Das war eine so heilsame Botschaft für mich! Ich habe schnell gemerkt, dass mein Zusammenbruch die Chance war, eine Lüge meines Lebens zu entlarven. Wegen Mobbings in Jugendjahren dachte ich immer, ich müsse mich beweisen, ich müsse viel tun, damit Leute mich wertschätzen, mich dabeihaben wollen. In meinen ehrenamtlichen Tätigkeiten erlebte ich genau das: Wertschätzung und Anerkennung für das, was ich tat *für* Gott. In dieser Krise durfte ich lernen: Gott will gar nicht, dass ich irgendetwas *für* ihn tue. Er will, dass ich alles *mit* ihm tue. Was für eine befreiende Wahrheit!

Es hat lange gedauert, bis ich wieder zu Kräften kam. Körperlich und seelisch. Es folgten Monate, eigentlich Jahre, in denen ich in meinem Leben sehr aufräumte, vieles aufgab, anderes mehr pflegte als vorher. Vor allem lernte ich, wie ich meine Zeit *mit* meinem Herrn verbringe, sodass seine Botschaften es bis in mein Herz schafften – sodass seine Liebe mich wirklich erreichte. Und ich lernte, alle Dinge, alle Dienste, alle Aufgaben *mit* ihm zu machen. Seitdem lebt sich mein Leben leichter – und Liebe-voller.

Dass die Liebe zuerst Kopfsache und dann vielleicht auch eine Sache des Gefühls ist, durfte ich seitdem immer mal wieder erleben. Oft schmerzlich. Vor einigen Jahren hatte ich die bisher wohl größte geistliche Krise meines Lebens, als ich nicht glauben konnte, was passiert war. Nichts wirklich Schlimmes, aber für mich doch so schlimm, dass es diesen Tag gab, als ich zu Gott sagte: „Du und ich – getrennte Wege – ab heute!" Ich musste damals feststellen, dass scheinbar alles, worauf ich mein Leben gebaut hatte, nichts wert war. Mein Leben hatte ich vor Jahren Gott anvertraut und ihm gesagt, dass er tun und lassen könne, was gut für sein Reich sei – ich würde mitmachen. Und auf einmal fühlte ich mich hinters Licht geführt. Nichts passte mehr zusammen. Ich zweifelte daran, dass Gott es gut meint und gut macht mit mir. So sehr, dass ich ihm den Laufpass gab. Dass ich heute immer noch mit ihm unterwegs bin, verdanke ich lieben Menschen, die mich wochenlang mitgeschleift haben. Die mich mit ihren Gebeten und Umarmungen mitgetragen haben. Und die mich mit ihren klaren Worten immer wieder und schlussendlich ganz wachgerüttelt haben. Ich lernte: Die Liebe Gottes beginnt im Kopf, sie ist eine Entscheidung, und die wiederum braucht Gehorsam. Wenn ich mich traue, gehorsam zu sein, dann hat die Liebe eine Chance, ins Herz zu fallen.

Die Liebe Gottes beginnt im Kopf, sie ist eine Entscheidung, und die wiederum braucht Gehorsam. Wenn ich mich traue, gehorsam zu sein, dann hat die Liebe eine Chance, ins Herz zu fallen.

Es hat damals lange gedauert, bis ich wieder Vertrauen gefasst habe, Vertrauen in Gott. Ich bin immer wieder im Gehorsam aufgestanden, gegen jedes Gefühl. Und es hat sich gelohnt! Heute stehe ich ein wenig fester – und weiß, dass die Zweifel wieder kommen werden. Aber ich bin gewappnet!

Die Krisen meines Lebens waren bisher harmlos. Auch wenn sie für mich jeweils Katastrophen waren und lebensverändernde Dimensionen hatten – mir ist noch nichts ganz Schlimmes widerfahren.

Hatten Sie schon ähnliche Krisen? Wie haben Sie die gemeistert?

Gottes Liebe im Angesicht der Schrecken dieser Welt

Wenn ich meinen Blick über unseren Erdball schweifen lasse, dann lande ich bei ganz anderen Geschichten: nämlich bei den Familien, die vor lauter Armut oder Unglück – oder beidem – nicht einmal ein Dach über dem Kopf haben. Die tagtäglich Bombenhagel ertragen müssen. Die in Angst und Schrecken vor der Grausamkeit leben, zu der wir Menschen eben auch fähig sind. Die tagtäglich Angehörige verlieren.

Wenn ich in Geschichtsbüchern blättere, komme ich auch bei dieser Dekade vor vielen Jahrzehnten an und der Frage, wie eine ganze Volksgruppe über Jahre einfach ausgelöscht werden konnte. Angesichts der Schrecken von Buchenwald, Dachau, Oranienburg, Auschwitz und anderen Orten fragte einmal jemand, wie man da noch beten könne. Johann Baptist Metz ist ein katholischer Theologe, Jahrgang 1928. Auf diese Frage antwortete er einst: *„Ich kann beten, weil in Auschwitz gebetet wurde."*[9] Die Gebete von Johann Baptist Metz sind offensichtlich Gebete des Vertrauens – Gebete des Vertrauens gegenüber Gott. Er erwartet schlicht, dass sich der Allmächtige selbst zeigen wird, wenn es an der Zeit ist. Es sind Gebete, die Gott Fragen stellen, die aber die Antworten Gott überlassen, weil er eben Gott ist.

Diese Haltung finde ich überaus herausfordernd. Und ich weiß, dass ich sie niemandem aufzwingen kann. Diese Haltung muss im Herzen eines jeden Menschen wachsen, reifen, Frucht tragen. Wenn sie das tut, so ist tatsächlich meine Erfahrung, trägt auch der Glaube Früchte – Liebe-volle Früchte.

Trotzdem: Zu viele Menschen sterben viel zu früh und auf dramatische Art und Weise. Zu viele Unglücke erschüttern die Welt und hinterlassen immer mehr wunde Punkte. Zu viel Ungerechtigkeit auf allen Ebenen lässt uns den Glauben an einen Gott der Liebe verlieren, zu dem ja auch das Attribut „gerecht“ gehört.

Es bleibt bei vielen – auch bei mir – die bohrende Frage: Wie kann ich angesichts dieser Welt, angesichts meiner Welt, mit aller Grausamkeit, allen Katastrophen, allen schlechten Bedingungen und Störungen an einen Gott glauben, der mich angeblich liebt?

Meine Antwort ist einfach und schwer zugleich: indem ich dem Gott dieser Welt mein Vertrauen ausspreche. Und zwar im sturen Vertrauen auf seine zahlreichen Verheißungen. An meinem Bett steht ein kleines rotes Büchlein des englischen Baptistenpredigers Charles Haddon Spurgeon mit dem schönen Titel *Kleinode göttlicher Verheißungen*[10]. Es ist nicht größer als eine Packung Taschentücher, passt damit in jede Hosentasche – und dort sollte es eigentlich auch sein. Denn es enthält für jeden Tag des Jahres eine – je nach Lebenslage – ermutigende, Trost spendende oder auch motivierende göttliche Verheißung inklusive einiger Ausführungen von Spurgeon. Am 7. Juni, meinem Geburtstag, steht zum Beispiel: „Ich gebe ihnen das ewige Leben; und sie werden nimmermehr umkommen, und niemand wird sie mir aus meiner Hand reißen“ (Johannes 10,28). Was für ein beruhigendes Jesus-Wort! Spurgeon führt dann auf einer kleinen Seite aus, was ewiges Leben heißt, nämlich Leben, das nie aufhört: „Solange Worte einen Sinn haben, sichert dies den Gläubigen zu, dass sie nicht verloren gehen werden.“

Genau das meine ich, wenn ich von Vertrauen auf Gottes Verheißungen spreche: dass ich Gott glaube, dass er es gut meint mit mir – und dass es ein Leben nach dem Leben gibt. Ganz sicher. Um das vom Kopf in die Seele rutschen zu lassen, brauche ich ständige Erinnerung daran. So was wie Spurgeons *Kleinode göttlicher Verheißungen* ist eine tolle Erinnerungshilfe für mich.

Mir hilft im Vertrauenlernen Gott gegenüber außerdem die

Reflexion dessen, was schon geschehen ist. Die Agape ist ja in der Welt erlebbar. Sie ist da! Nicht alles ist grausam, nicht alle tun Böses, nicht jeder leidet nur. Es gibt unendlich viele Lichtzeichen, die die Liebe Gottes in dieser Welt sichtbar machen. Die Weihnachtsnacht ist für mich so ein Ankerpunkt: die Nacht, in der Gottes Liebe Licht wurde. So viele Menschen wollen Götter sein – aber nur der eine Gott, mein Gott, ist Mensch geworden. Einer wie du und ich. Niemand auf der Welt versteht mich so wie er. Weil er weiß, wie es ist in dieser Welt. Das ist Liebe. Agape.

Nicht alles ist grausam, nicht alle tun Böses, nicht jeder leidet nur. Es gibt unendlich viele Lichtzeichen, die die Liebe Gottes in dieser Welt sichtbar machen.

Jahweh. Elohim. Adonai.

Namen, die die Welt verändern und den Lauf der Dinge lenken. Weil sie zu dem Schöpfergott gehören, der alles erschaffen hat. Auch mich. Und Sie. Und der uns alle so sehr liebt.

Name: Martin Buchsteiner
Jahrgang: 1975
Beruf/Tätigkeit: Leiter der Missionsgemeinschaft Fackelträger Tauernhof/Schladming (Österreich)
Leidenschaft: unterwegs sein in meinen Bergen

„Wie hast du uns lieb?"

„Ich habe euch lieb, spricht der HERR. *Ihr aber sprecht: ‚Wie hast du uns lieb?'"*

Maleachi 1,2 (LUT 2017)

Es liegt schon einige Jahre zurück, als eine meiner beiden Töchter die Faszination von zischenden, auflodernden Streichhölzern entdeckte. Sie war damals etwa vier Jahre alt. Meine Frau liebt es, bei jeder Gelegenheit auf unserem Esstisch Kerzen zu entzünden, um der Gemeinschaft eine warmherzige, gemütliche Atmosphäre zu verleihen - und sei es nur für uns als Familie. Infolgedessen war es nicht zu vermeiden, dass unsere Tochter mit großem Interesse das Entzünden der Streichhölzer beobachtete und ihre glänzenden Augen gleichermaßen hell erleuchteten wie das kleine Zündholz.

Eines Tages war es dann so weit. Ich spürte die Notwendigkeit, meiner Tochter den sicheren Umgang mit Streichhölzern zu vermitteln - besteht unser Haus doch zur Gänze aus Holz. Nachdem ich ihr - meiner Meinung nach - auf strenge und klare Weise geboten hatte, Streichhölzer nie ohne meine Aufsicht zu entzünden, konnte ich nicht glauben, was im nächsten Moment geschah. Kaum hatte ich mich abgewandt, um in einen Nebenraum zu gehen, hörte ich ein leises Zischen, gefolgt von einem lauten „Au"! Ich rannte zu meiner

Tochter, und was ich vorfand, war ein fröhlich vor sich hin brennendes Zündholz, das auf dem hölzernen Esstisch gelandet war, und ein kleines, weinendes Mädchen, das sich beim Entzünden des Streichholzes den Finger leicht verbrannt hatte. Das sind die Momente, in denen im Kopf eines Vaters zwei sehr unterschiedliche Gefühle miteinander kollidieren. Zum einen eine große, aus Liebe geborene Besorgtheit um das Wohlergehen meiner Tochter. Zum anderen eine von Enttäuschung geschürte Wut, da sie meine klare Anweisung nicht beachtet hatte. Nachdem ich das Feuerchen gelöscht hatte, blieb mir in meiner Ratlosigkeit nichts anderes übrig, als meine Tochter in ihr Zimmer zu schicken und über ihr Fehlverhalten nachdenken zu lassen. (Das machen Väter so, wenn sie selbst Zeit gewinnen müssen, um über die richtige Vorgehensweise und möglichen Konsequenzen nachzudenken.) Nach einer Weile ging ich zu ihr ins Zimmer. Da saß sie schluchzend am Bett, während ihr kleine Tränen über die Wangen rollten. Kein Vaterherz kann so hart sein, um bei diesem Anblick nicht selbst zu Tränen gerührt zu werden!

Nachdem ich - erfolglos wohlgemerkt - versucht hatte, ihr die Gefahren eines brennenden Streichholzes in einem Holzhaus zu erläutern, blieb mir nur noch eines übrig: nämlich, ihr zu sagen, dass - egal, was passiert war oder hätte passieren können - sie eines wissen sollte: „Ich liebe dich!"

Es kann gut sein, dass Sie sich hin und wieder so fühlen, als hätte Gott Sie in Ihr Zimmer geschickt, sich von Ihnen distanziert, damit Sie die Konsequenzen Ihres Fehlverhaltens zu spüren bekommen. Möglicherweise können Sie in Ihrem Leben kein Fehlverhalten erkennen, und dennoch fühlen Sie sich von Gott verlassen und bestraft. Der Glaube von Gottes Volk wurde immer wieder durchgerüttelt. Von Abraham, der seinen Sohn hätte opfern sollen, über Israel, das von den Assyrern ins Exil abgeführt wurde, bis hin zur Zeit von Jesus, dessen Jünger ihre größte Enttäuschung erlebten, als sie ihren Herrn und Meister am Kreuz von Golgatha hängen sahen.

„Wie hast du uns lieb?" Das ist wohl die Frage, die sich jeder Mensch stellt, wenn er Enttäuschung und Verletzung erlebt.

„Wie hast du uns lieb, wenn meine Gebete bis heute nicht beantwortet wurden?"

„Wie hast du uns lieb, wenn ich die Lasten meines Alltags kaum bewältigen kann?"

„Wie hast du uns lieb, wenn ich beobachte, wie ein geliebter Mensch ein Schicksal erleiden muss, das er nicht verdient?"

Gott spricht in das Leben eines Volkes, das geprägt ist von Krieg, Niederlage, Gefangenschaft, Abgötterei und drückt durch den Propheten Maleachi sein größtes Herzensanliegen aus, indem er zu seinem Volk sagt: „Ich habe euch lieb!"

Nichts würde mein Vaterherz mehr zerreißen, als wenn mein eigenes Kind an meiner Liebe zu ihm zweifeln würde.

Wenn es eines gibt, das sich ein liebender Vater für seine Kinder wünscht, dann dies: dass sie die Gewissheit haben, dass egal, was sie getan haben, egal, welche Brandmarken ein brennendes Zündholz hinterlässt, ihr Vater sie dennoch von Herzen lieb hat!

Nichts würde mein Vaterherz mehr zerreißen, als wenn mein eigenes Kind an meiner Liebe zu ihm zweifeln würde. Nichts zerreißt das Vaterherz Gottes mehr, als wenn wir Menschen an seiner Liebe zweifeln! Die Worte der Bibel sind wahr, wenn es heißt: *„Ich habe dich je und je geliebt"* (Jeremia 31,3; LUT).

Wie hat Gott uns geliebt?

Ein Mönch gab bekannt, dass er am kommenden Sonntagabend über die Liebe Gottes predigen werde. Als es an dem besagten Sonntagabend schon langsam dunkel wurde, versammelten sich die Menschen zum Gottesdienst. In der Dunkelheit der Kirche zündete der Mönch eine Kerze an und ging damit zum Kreuz. Zuerst beleuchtete er mit dem Licht die Dornenkrone, dann die zwei durchbohrten Hände, dann die Wunde an der Seite Jesu, durchbohrt mit einem Schwert. Dann, in der Stille, blies er die Kerze aus und setzte sich wieder hin, denn es gab nichts mehr zu sagen.

Vor einigen Jahren durfte ich eine Predigt über die Liebe Gottes vorbereiten. Eines der wohl schönsten Themen, um darüber predigen zu dürfen. Dabei kam mir ein lieber Freund in den Sinn. Während eines unserer Programme gab er Zeugnis über sein Leben. Er erzählte uns, wie er innerhalb kurzer Zeit alles verloren hatte, was er von Herzen liebte. Zuerst seine Arbeit, welche er aufgrund einer Krankheit nicht mehr erfüllen konnte. Dann seine Frau, die ihn verlassen hatte, und damit auch seine Kinder, die mit der Mutter weggezogen waren. Kaum vorzustellen, wie es sein muss, wenn dir plötzlich alles genommen wird, was dein Leben ausmacht. Während meiner Vorbereitung hatte ich es gewagt, ihm eine E-Mail zu schreiben mit der Bitte um eine ehrliche Antwort. Ich fragte ihn: „In der Zeit, als dir alles genommen wurde, deine Familie, deine Gesundheit, deine Arbeit, hast du da wirklich noch daran glauben können, dass

Gott dich liebt?" Seine Antwort war nicht die, die ich erwartet hatte. Er schrieb in einer kurzen E-Mail zurück: „Hätte ich damals nicht an die Liebe Gottes geglaubt, wäre ich heute nicht mehr am Leben. Es war ausschließlich die Liebe Gottes, die mich durch diese schwere Zeit geführt hat."

Er (Jesus) wurde verachtet und von den Menschen abgelehnt – ein Mann der Schmerzen, mit Krankheit vertraut, jemand, vor dem man sein Gesicht verbirgt. Er war verachtet und bedeutete uns nichts. Dennoch: Er nahm unsere Krankheiten auf sich und trug unsere Schmerzen. Und wir dachten, er wäre von Gott geächtet, geschlagen und erniedrigt! Doch wegen unserer Vergehen wurde er durchbohrt, wegen unserer Übertretungen zerschlagen. Er wurde gestraft, damit wir Frieden haben. Durch seine Wunden wurden wir geheilt!

Jesaja 53,3-5

Der Sohn Gottes, Jesus Christus, wurde verwundet, angespuckt, geplagt, verhöhnt und am Ende an ein Kreuz genagelt. Wäre es nicht legitim zu fragen: „Jesus, hast du in dieser Zeit je an der Liebe Gottes gezweifelt?" Und wäre es nicht mehr als verständlich, wenn er antworten würde: „Ja, allerdings!"? Doch es war die Liebe seines Vaters, die ihm die nötige Kraft gab, diese Folter zu überstehen. Und es ist die Liebe von Jesus zu uns Menschen, die ihm die Willensstärke für seine Entscheidung gab, sein Leben für uns zu lassen.

Liebe in ihrer edelsten Form ist eine Entscheidung

In den zwanzig Jahren meiner Ehe durfte auch ich erkennen, dass echte Liebe, Liebe in ihrer Grundform, eine Entscheidung ist. Es ist eine Entscheidung, aufeinander zuzugehen. Es ist eine Entscheidung, mich mit meiner Frau auf die Couch zu setzten, um Qualitätszeit mit ihr zu verbringen. Es ist eine Entscheidung, ihr hin und wieder Blumen mit nach Hause zu bringen, um ihr Anerkennung zu zeigen. Nur aus meinen Gefühlen heraus hat es noch kein Blumenstrauß in unser Haus geschafft.

Ich kann auch nicht behaupten, dass ich mich immer danach „fühle", mit meiner Frau einfach nur auf der Couch zu sitzen, um nichts anderes zu tun, als sich anzusehen und zuzuhören - würde ich doch manchmal lieber auf einen Berg steigen oder Rad fahren. Ich weiß aber auch, dass es meiner Frau manchmal lieber wäre, im Wohnzimmer beim Kachelofen die Füße hochzulegen und ein gutes Buch zu lesen, als mir ein Essen zu kochen oder meine Wäsche zu waschen. Aus Liebe entscheiden wir uns, aufeinander zuzugehen, dem anderen Gutes zu tun, um unser Gegenüber höher zu achten als uns selbst (vgl. Philipper 2,3).

Aus Liebe zu uns Menschen hat sich Jesus Christus entschieden, auf uns zuzugehen, uns Gutes zu tun und uns höher zu achten als sich selbst, indem er sein Leben für uns gab (vgl. Philipper 2,6-8).

Henry Moorhouse, ein britischer Evangelist aus dem 19. Jahrhundert, sagte einmal, nachdem er sechs Predigten in Folge über die Worte „So sehr hat Gott die Welt geliebt" gehalten hatte: *„Wenn ich Jakobs Himmelsleiter ausborgen und damit in den Himmel steigen könnte, wenn ich den Engel Gabriel, der in der Gegenwart Gottes steht, fragen könnte, wie sehr Gott die Welt liebt, wäre alles, was er sagen könnte: ‚Denn also hat Gott die Welt geliebt,* *dass er seinen eingeborenen Sohn gab, auf dass alle, die an ihn glauben, nicht verloren werden, sondern das ewige Leben haben'"* (Johannes 3,16; LUT).[11]

Glauben oder Nichtglauben?

Mich begeistern immer wieder Berichte von Menschen, die eine Nahtoderfahrung hatten, weil sie krankheitsbedingt im Koma landeten und an der Schwelle zwischen Leben und Tod balancierten. Viele berichten nach dem Aufwachen von hellem Licht, fröhlicher Stimmung und einer Erfahrung unbändiger Liebe. Meist tun wir solche Berichte als Halluzinationen oder die Folgen starker Medikamente ab. Das ist ja alles viel zu unglaublich.

Glaubwürdiger wird das alles, wenn es von einem renommierten Neurochirurgen erzählt wird, der solche Berichte stets belächelte, bis ihm selbst so etwas widerfuhr.

Eben Alexander ist US-Amerikaner und erfolgreicher Arzt auf dem Gebiet der Neurochirurgie – also alles, was mit den Nerven und dem Gehirn zu tun hat. Mit dem Bewusstsein kennt er sich aus, sollte man meinen.

Alexander erkrankte 2008 schwer und befand sich einige Tage lang genau an dieser Schwelle zwischen Leben und Tod. Seine Überlebenschance lag bei wenigen Prozent. Während sein Körper auf der Intensivstation über Schläuche versorgt und über Kabel überwacht wurde, trat seine Seele eine Reise an. Er beschrieb, wie er inmitten von Wolken gewesen sei, und der Himmel, den er sah, sei so lieblich dahergekommen wie sonst nur in den Vorstellungen von Kindern. Er sei dort auf Gott getroffen und habe mit ihm gesprochen – in einer direkten, telepathischen Form, die ihn gar nicht überrascht habe. Er habe einen allwissenden, allmächtigen und bedingungslos liebenden Gott erlebt. So schreibt es Eben Alexander in seinem Buch *Blick in die Ewigkeit*[12], in dem er sein ganz eigenes Nahtoderlebnis ausführlich schildert. Er schreibt, wie er anfangs in einem stinkenden Urschlamm steckte und ihn ein Engel da herausbegleitete. Dieser Engel ließ ihn auch wissen, dass er für immer geliebt und geschätzt werde.

Alexander schreibt in seinem Buch, dass diese Botschaft der bedingungslosen Liebe alles verändert habe. Er wisse sich nun ganz sicher mit Gott verbunden. Und: Er spüre, dass alle Verluste, die wir hier auf Erden erdulden müssen, in Wahrheit Varianten eines sehr zentralen Verlustes seien, nämlich dem Verlust des Himmels.[13]

Wie soll man einem bis dato überzeugten Wissenschaftler, noch dazu einem Hirnexperten, seine Erfahrung absprechen? Ich meine ja ohnehin, dass Erfahrungen und Erzählungen von Menschen per se erst einmal so stehen bleiben dürfen. Meine Erfahrung kann mir niemand nehmen. Auch wenn es derart unglaublich sein mag.

Was Eben Alexander beschreibt, macht mich hellhörig. Besonders diese Aussage mit dem „Verlust des Himmels". Denn das ist ja meine tiefe theologische Überzeugung: dass wir den Himmel einst verloren haben, weil sich die ersten Menschen Adam und Eva im schönen Paradies gegen die grenzenlose Güte Gottes entschieden haben. Danach klaffte diese unüberbrückbare Lücke zwischen Mensch und Gott. Wir Christen nennen das „Sündenfall". Alexander nennt es „Verlust des Himmels". Ich allerdings weiß, dass ich den Himmel längst wiedergewonnen habe. Was die Israeliten viele Jahre auf Gottes Geheiß hin über einen strikten Opferritus versucht hatten, hat Gott ein für alle Mal mit dem Tod seines Sohnes Jesus am Kreuz geregelt. Er hat uns den Himmel wiedergeschenkt. Jeder Verlust, den ich in dieser Welt zu ertragen habe, jedes Leid, das ich erfahre, jedes Unglück, das mich zerreißen will, und alle Ungerechtigkeit, die mich martert, stellt Gott in das strahlende Licht des Osterfestes – und das bekenne ich von Herzen: Jesus Christus ist gestorben, begraben, hinabgefahren in das Reich des Todes, kam aber wieder: Am dritten Tage ist er auferstanden von den Toten und dann aufgefahren in den Himmel. Jesus hat mir den Himmel wiedergebracht. Gott streckt mir Liebe-voll seine Hand entgegen. Er hat die Störung in unserer Beziehung zueinander behoben.

Jesus hat mir den Himmel wiedergebracht.

Das ist die Wahrheit, die mich aus jeder Krise holt, die mich durch jede Krise begleitet. Krisen kommen und gehen, Irritationen und Störungen tauchen immer wieder auf. Aber die Liebe Gottes bleibt. Für immer und ewig.

Ja, hier geht es um Glauben oder Nichtglauben. Glauben an die Liebe, an das Leben, an Gott, an sein Wort und seine Verheißungen. Oder eben nicht.

Diese Entscheidung hat jeder selbst zu treffen.

Ich und Gott

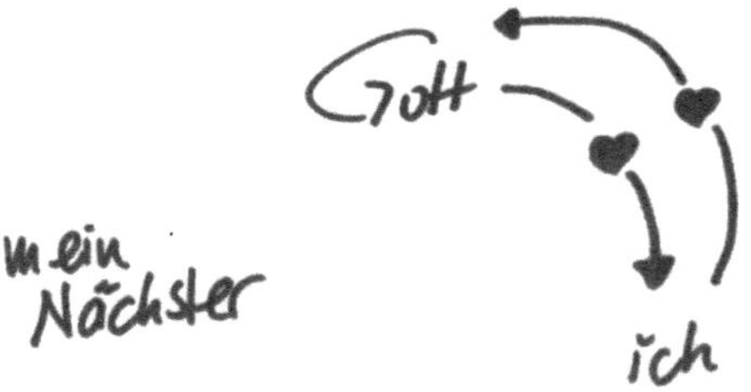

Seine Liebe mit meiner eigenen zu erwidern, ist der Kern meines Lebens. Und es ist der Kern des Wesens Gottes. Nichts wünscht er sich mehr, als dass ich ihn zurückliebe: *„Der tiefste Grund für unsere Zuversicht liegt in Gottes Liebe zu uns: Wir lieben, weil er uns zuerst geliebt hat“* (1. Johannes 4,19; NGÜ). Und es ist nicht nur ein Wunsch Gottes, sondern eines der Gebote, das er mir aufgibt und um das es in diesem Buch geht. Mein Herz für Gott!

Vor einigen Jahren, als ich noch beim christlichen Fernsehsender Bibel TV arbeitete, wurde mir eine besondere Ehre zuteil: Ich durfte nach Indien reisen und die Arbeit von Bischof Singh und der Nethanja-Kirche vor Ort besuchen.[14] Ziel der Reise war, für das Programm von Bibel TV eine Reportage über die Arbeitsbereiche von Singh und seiner Kirche zu drehen.[15] Während der acht Tage im ostindischen Bundesstaat Andhra Pradesh rund um die Millionenstadt Vishakhapatnam lernte ich viele verschiedene Menschen kennen. Und jeder von ihnen war für mich ein einzigartiges Beispiel dafür, wie man Gott lieben kann – egal, welche Umstände das eigene Leben prägen. Ob es die Witwe Ruthama war, die an meiner Seite das erste Mal in einem Auto fuhr, die Sozialarbeiterin Sujata, die besonders den Kranken hilft, oder John, ein Gangster, der jetzt als Taxifahrer – also mit redlicher Arbeit – sein Geld verdient: Sie alle strahlten eine Liebe aus, die mich überwältigte.

Liebe, die Licht ins Dunkel bringt

Am meisten beeindruckt hat mich ein Besuch in den Slums von Vishakhapatnam. Mir war angekündigt worden, dass wir einen Mann treffen, der im Slum zwei Kirchengemeinden betreut und leitet. Einen Pastor also. Als wir mit dem Auto vor Ort ankamen, mussten wir noch eine Weile warten. Ich selbst wartete auf den Pastor. Zwischenzeitlich hatte sich ein Mann aus dem Slum zu uns gesellt. Eine in meinen Augen armselige Kreatur, gezeichnet von einer schweren Fehlbildung an seinen unteren Extremitäten. Die Füße waren völlig verkrüppelt. Er hielt sich an einem mannshohen Knüppel fest und schleppte sich an genau diesem auch immer wieder ein paar Meter vorwärts. Aus seinem Mund ragten Zähne in alle Richtungen. Und er strahlte.

Ich wurde mit der Zeit ungeduldig und fragte schließlich, wann denn der Pastor endlich komme und wir mit den Dreharbeiten starten könnten. Bischof Singh lächelte mich an und erklärte mir, dass der Pastor längst da sei. Es war dieser Krüppel am Stock. Der, der so unvergleichlich strahlte. Ich versank im Boden, begrüßte ihn freundlich und war umso mehr gespannt, was ich in den kommenden Stunden erleben würde.

Die schönste Entdeckung dieses Tages war: Pastor Jesu-Dasu strahlte, weil er Gott so sehr liebte. Den Gott, der ihn aus seiner Not gerettet hatte. Jesu-Dasu war als Hinduist groß geworden wie die meisten Inder, und er hatte durch schlechte Geschäfte viel Geld verloren. Selbstmord schien sein letzter Ausweg zu sein. Irgendein Straßenprediger brachte ihm sprichwörtlich in letzter Sekunde die rettende Nachricht von

Jesus Christus. Heute bringt Jesu-Dasu anderen die Gute Nachricht – als Pastor bei den Lebensmüden im Slum von Vishakhapatnam.

Ich erfuhr nach und nach, dass Jesu-Dasu mittlerweile zwei Gemeinden leitet; es sind Kirchen für die, die auf der Straße wohnen. Ein Slum – das ist so viel schlimmer als „auf der Straße", finde ich. Allein in Vishakhapatnam gibt es mehr als 700 Slumgebiete. Unter erbärmlichen Bedingungen versuchen die Menschen hier, ihr Leben zu gestalten. Ihre Notdurft verrichten sie im Flusslauf, der sich durch das Gebiet schlängelt. Beim Hochwasser, das mehrmals im Jahr kommt, wird alles das zurückgespült in die Baracken, die sie sich aufgebaut haben. Krankheiten sind an der Tagesordnung. Die Not ist groß. Aber bei vielen hier sind auch das Glück und die Freude groß. Weil sie Gottes Liebe erleben. Pastor Jesu-Dasu bringt sie in Gottes Namen treu in ihre Herzen. Dieser Mann, der selbst von Polio übel gezeichnet ist, predigt ohne Unterlass die Liebe – während er sich an seinem Knüppel festhält und strahlt. Auf meine Frage, wie er seine Arbeit denn schaffe angesichts seiner körperlichen Verfassung, antwortete er mit einem wunderbaren Leuchten in seinen Augen: „Krank? In Micha 4, Vers 6 steht doch, dass Gott Gelähmte und Blinde als Zeugnis nutzt!" Seit er an Jesus glaube, fühle er sich nicht mehr krank, fuhr Jesu-Dasu fort, klammerte sich munter an den Knüppel, der ihn trug, und bekannte weiter: „Es ist mir eine große Freude, dass ich denen, die sich in ihrer großen Not das Leben nehmen wollen, die Botschaft von Jesus Christus weitergeben kann."

Ich weiß heute, dass ich diese acht Tage in Indien nur heil überstanden habe, weil ich meine Gefühle weitestgehend ausgeschaltet hatte. Sonst wäre ich regelmäßig in Tränen ausgebrochen, vermutlich abwechselnd aus Trauer und Freude. Ich hätte eine unbändige Wut gespürt, die hätte rauswollen. Und einen Drang zu helfen, irgendwie.

Ich bin froh, dass während der Reise irgendwas in mir all diese Gefühle gedämpft hat. Ich glaube, ich wäre nicht zum Arbeiten fähig gewesen. Aber ich bin auch froh, dass diese acht Tage im Osten Indiens bis heute nachwirken. Dass ich mir anschließend die Zeit zum Verarbeiten genommen habe und heute einen Schatz in mir trage, den ich im Dezember 2010 gesammelt habe: wie sehr Menschen Gott lieben können – egal, wie dreckig es ihnen geht, wie verzweifelt sie sind, wie tödlich ihre Umstände sein mögen und wer immer sie verfolgen mag wegen ihres Glaubens.

In Indien habe ich verstanden, was es heißt, Gott zu lieben

Die Liebe zu Gott ist kein Gefühl, das an meine Lebensumstände gebunden ist. Nach dem Motto „Wenn mir danach ist, dann hab ich ihn auch lieb". Nein, Gott zu lieben ist eine Entscheidung, die mein Leben rettet. Es ist ein Gebot, das Gott mir ins Leben gibt. Kein Befehl, dessen Missachtung mit Strafe belegt würde. Bestrafen tue ich mich höchstens selbst.

Die Liebe zu Gott ist kein Gefühl, das an meine Lebensumstände gebunden ist.

In Indien habe ich Menschen kennengelernt, die dieses Gebot sehr ernst nehmen. Nicht, weil sie müssen. Es gibt in Indien zahlreiche Alternativen, besonders im spirituellen Bereich. Nein, Ruthama, Sujata, John und Jesu-Dasu haben erlebt, dass Gott sie liebt. Und sie antworten mit ihrer Liebe zu Gott. Sie geben ihr zum Teil erbärmliches Leben dem Herrn dieser Welt in die Hände und dienen ihm aus lauter Liebe. Sie alle und Gott – sie sind ein starkes Team für die Liebe in dieser Welt.

Spätestens seit ich in Indien war, frage ich mich immer wieder, wieso es mir manchmal so schwerfällt, Gott zu lieben. Wieso es oft als unfassbare Herausforderung scheint, dieses Gebot ernst zu nehmen, es zu leben.

Geht es mir nicht schlecht genug? Habe ich zu viel Gutes in meinem Leben? Kommt Ihnen das bekannt vor?

Ich glaube schon, dass mein Wohlstand in dem Zipfel der Welt, in dem ich leben darf, meiner Liebe zu Gott oftmals im Weg steht. Ich brauche ihn ja nicht. Aber es wäre völlig verfehlt zu sagen, Jesu-Dasu und seine Freunde liebten Gott nur, weil sie ihn dringend brauchten. Ich kann das mit Worten nicht beschreiben: dieses Leuchten in den Augen, dieses Strahlen im Gesicht, diese Gebete, die meine Geschwister in Indien beteten. Mehr Liebe geht, glaube ich, nicht.

Ein Highlight dieser Reise war, dass ich am Sonntag in der Kirche predigen durfte. Erstmalig stand ich barfuß vor einer Gemeinde. Das war ein Erlebnis! Und eine große Ehre! Wie sehr dies ein Highlight war, wurde mir aber erst klar, als ich wieder zu Hause war und in Ruhe die Bilder studierte. Da war ein Foto dabei, das zeigte, wie eine alte, tief gebeugte Dame während meiner Predigt eine große Frucht vor den Altar legt. Sie brachte Gott ein Opfer dar. Aus lauter Liebe. Eine Frau, die vermutlich nichts hatte, gab noch etwas ab. Aus lauter Liebe zu ihrem Gott.

Was gebe ich, was geben Sie Gott eigentlich ab?

Seit ich die Armut Indiens kennengelernt habe und an dem Reichtum der Menschen dort teilhaben durfte, lebe ich anders. Bewusster. Mit Schamröte im Gesicht danke ich Gott tagtäglich, dass ich in diesen Teil seiner Welt hineingeboren wurde, dass ich im zarten Alter von vier Tagen bereits in einem Auto gefahren bin und dass ich alle Annehmlichkeiten eines zivilisierten Lebens immer und uneingeschränkt genießen darf. Und dass ich seine Liebe trotzdem brauche, annehme und von Herzen gerne mit meiner Liebe erwidere.

In Indien habe ich es erlebt und gelernt, und hier in Europa möchte ich es in die Welt tragen: Gott zu lieben ist die Basis allen Seins. Und es ist ein Gebot. Ohne die Liebe, so steht es an vielen Stellen in der Bibel, ist alles nichts.

Das höchste Ziel des Menschen

Als ich im Jahr 2006 mein Theologiestudium abschloss, musste ich als Teil des Examens auch ein Credo – ein umfassendes Glaubensbekenntnis – abliefern. Für dieses Buch hier habe ich das nochmals hervorgeholt. Und ich bin begeistert, was ich damals geschrieben habe. Nicht alles war Theologendeutsch, vieles zeigt schlicht meine Herzenseinstellung:

> *Am Anfang dieses Glaubensbekenntnisses soll meine Liebeserklärung an Gott stehen; mein Leben soll gemäß 5. Mose 6,5 mit ungeteiltem Herzen und ungeteilter Liebe auf ihn hin ausgerichtet sein – und so in dieser Welt ein Zeugnis sein von Gottes grenzenloser Liebe. [...] Ich glaube, dass der Mensch ein Geschöpf Gottes ist und von ihm unendlich geliebt ist. Ziel Gottes bei der Schöpfung des Menschen war es, ein Gegenüber zu haben, das seine Liebe erwidert. In diesem Sinne soll das höchste Ziel des Menschen die Ehre Gottes sein. Gott hat den Menschen als sein Ebenbild geschaffen und gab ihm das grundlegende Qualitätssiegel „sehr gut" (1. Mose 1,26-31).*

Mir war also schon damals klar: Das höchste Ziel des Menschen soll die Ehre Gottes sein, das heißt die Beachtung und

Erfüllung dieses Gebotes, das als Erstes im Liebesgebot steht: *„Du sollst den HERRN, deinen Gott, lieben von ganzem Herzen, mit ganzer Hingabe, mit aller deiner Kraft und mit deinem ganzen Verstand!“* (Lukas 10,27; NGÜ). Diese Liebesbeziehung beruht nicht auf Gefühlsduselei, sondern auf einer Entscheidung: Ob ich mich an ein Gebot halte oder nicht, entscheidet nicht zuerst mein Bauch, sondern mein Kopf. Wille gegen Gefühl. Wobei ich finde, dass es der Wille recht einfach haben kann, wenn ich dem Gefühl Raum gebe. Denn am Anfang dieser Liebesbeziehung steht ja die bedingungslose Liebe von Gott zu mir. Ich brauche nichts als zu antworten. Dass dies nicht immer einfach ist, habe ich bereits ausgiebig beschrieben. Zu viele Störungen irritieren uns immer wieder. Aber wer sich angesichts des Liebe-vollen Befunds von Gottes Liebe zu uns Menschen vor einer Entscheidung drückt – den möchte ich fragen, was er noch an Beweisen braucht: *„Der tiefste Grund für unsere Zuversicht liegt in Gottes Liebe zu uns: Wir lieben, weil er uns zuerst geliebt hat“* (1. Johannes 4,19; NGÜ).

Ob ich mich an ein Gebot halte oder nicht, entscheidet nicht zuerst mein Bauch, sondern mein Kopf. Wille gegen Gefühl.

Und ich weiß, dass wir so verschieden sind. Gut so! Gott sei Dank für die Vielfalt, die er geschaffen hat!

Der Ingenieur zeigt seine Liebe zu Gott vielleicht in komplizierten mechanischen Abläufen, die er konstruiert. Der Naturwissenschaftler betet Gott an, während er den Hormonhaushalt von Affen bestimmt oder das wunderbare biologische Konstrukt eines Spinnennetzes analysiert. Er merkt, dass hier ein himmlischer Schöpfer am Werk sein muss. Jesu-Dasu zeigt seine Liebe zu Gott, indem er die lebensmüden Menschen in seinem Slum mit der Guten Nachricht von Jesus Christus zum Leben anstiftet. Und ich? Wie geht das bei mir als Theologin, Redakteurin, Rednerin, Autorin und Coach?

Wie kann ich Gott meine Liebe zeigen? Viele meiner Freunde meinen, dass ich es angesichts dieser Job-Liste ja sehr leicht hätte, Gott meine Liebe zu zeigen und ihm zu dienen. Ich schreibe fromme Bücher, halte Predigten, gebe Seminare und traue Paare. Alles vermeintlich tief geistliche Dinge, die Gott ganz sicher Freude bereiten. Aber wie tragisch wäre das, wenn der Müllmann, die Erzieherin, die Managerin oder der Finanzbeamte das Gott-Lieben nicht in ihrem Beruf, sondern nur im Ehrenamt machen würden!

Viele Wege, Gott zu lieben

Vor vielen Jahren besuchte ich den Gottesdienst einer Gemeindegründung in Berlin; einer Gemeinde, in der viele Young Professionals sind, also junge Berufstätige, meist in gut dotierten Jobs. In der Predigt ging es dann genau darum: wie das geht, Gott zu lieben, ihm Ehre zu geben, besonders im Beruf, egal, was ich mache. Der Pastor zitierte einige Verse aus dem Anfang der Bibel: *„Seid fruchtbar und mehret euch und füllet die Erde und machet sie euch untertan und herrschet über die Fische im Meer und über die Vögel unter dem Himmel und über alles Getier, das auf Erden kriecht“* (1. Mose 1,28; LUT 2017). Und er erzählte, dass – egal, was wir arbeiten – wir das tun, was Gott will: die Erde bewirtschaften. Wir erfüllen dann Gottes ersten Auftrag an uns Menschen. Natürlich kann man sich an dieser Stelle über ethisch herausfordernde Arbeiten unterhalten und darüber, ob das wirklich alles so in Gottes Sinne sei. Aber mir war diese Erkenntnis tatsächlich ein Augenöffner: Der Müllmann, die Erzieherin, die Managerin und der Finanzbeamte gestalten die Welt, die Gott uns gegeben hat. Damit tun sie das, was Gott uns ganz am Anfang geheißen hat. Und damit haben sie auch die Chance, durch ihre Arbeit und mit ihrer Tätigkeit

Gott ihre Liebe zu erweisen und das Gebot der Liebe zu erfüllen. Strahlen und Lieben kann man doch überall und bei jeder Tätigkeit, oder?

Haben Sie Ihren Job schon mal aus dieser Perspektive betrachtet? Und haben Sie den Mut, da weiterzudenken: Wie können Sie Ihre Liebe zu Gott noch mehr zeigen in der Arbeit, die Sie tagtäglich tun? Wie können Sie diesen Vers in Ihr Leben holen: *„Zu lieben bedeutet, sich nach Gottes Geboten zu richten, und das Gebot, das alle anderen zusammenfasst und das ihr von Anfang an gehört habt, ist, dass ihr euer ganzes Leben von der Liebe bestimmen lasst“* (2. Johannes 6; NGÜ).

Wie können Sie Ihr ganzes Leben von der Liebe bestimmen lassen?

Wir können Gott aber nicht nur durch unseren Beruf unsere Liebe zeigen. Es gibt dafür noch ganz viele andere Möglichkeiten. Und dafür gilt – ich sagte es bereits –: Wir sind alle so wunderbar verschieden! Wenn Sie seit Jahrzehnten diesen Satz „Jeden Morgen eine halbe Stunde Stille Zeit mit Bibellesen und Beten“ hören, lesen und ihn versuchen umzusetzen und es nicht klappt, dann könnte es sein, dass Sie eine andere Form brauchen, um Gott Ihre Liebe zu erwidern. Dass Qualitätszeit miteinander zu verbringen das wichtigste Gebot jeder Liebesbeziehung ist, sollte hinlänglich bekannt sein. Wenn Sie ein Morgenmuffel sind oder Sie Bibellesen und alleine beten (beziehungsweise in der Zweisamkeit mit Gott) schlicht langweilig finden, dann brauchen Sie eine andere Option.

Einen großen Reichtum an Möglichkeiten präsentiert der Autor Gary L. Thomas in seinem Buch *Neun Wege, Gott zu lieben*. In seiner Einführung schreibt er, dass es für uns Menschen unendlich viele Arten gibt, wie wir unsere Liebe zu Gott ausdrücken können; biblische Charaktere seien die besten Beispiele:

Abraham war sehr religiös und baute überall, wo er hinkam, Altäre. Moses und Elia offenbarten bei ihren Konfrontationen mit den Mächten des Bösen und in ihren Gesprächen mit Gott immer wieder ihren Hang zum Aktivismus. David feierte Gott auf sehr enthusiastische Weise, während sein Sohn Salomo seine Liebe zu Gott durch großzügige Opfer bewies. Hesekiel und Johannes malten farbenprächtige Bilder von Gott und verblüfften durch sinnliche Brillanz. Mordechai zeigte seine Liebe zu Gott dadurch, dass er sich um andere kümmerte, nicht zuletzt um die verwaiste Esther. Maria von Bethanien ist ein klassisches Bild für kontemplative Anbetung – sie sitzt einfach zu Jesu Füßen. Diese und andere Menschen aus dem Alten und Neuen Testament haben mich darin bestätigt, dass es im christlichen Glauben viele verschiedene Arten gibt, unsere Liebe zu Gott zu zeigen – und dass alle diese Arten auch in Ordnung sind.[16]

Die ganz unterschiedlichen geistlichen Temperamente, die Thomas in seinem Buch präsentiert, widerlegen jeden Einheitsbrei, der uns in vielen Kirchen, Gemeinden und geistlichen Strömungen gelehrt wird.[17] Jedes „Du-musst-so"- und „Am-besten-geht-es-so"-Denken macht die unendlich vielen Ausdrucksformen von Liebe kaputt. Wie schade! Lassen Sie uns doch die Vielfalt feiern! Jeder Mensch ist anders, nicht einmal eineiige Zwillinge sind absolut identisch. Wie kommen wir dazu zu behaupten, dass jeder Christ seine Liebe zu Gott in regelmäßiger, tiefsinniger Bibellektüre oder stilisierten Gebeten ausdrücken kann und will?

Lassen Sie uns doch die Vielfalt feiern!

Verstehen Sie mich bitte nicht falsch: Bibellesen und Beten sind für meinen Glauben essenziell. Aber ich finde viel intensiver ins Gebet, wenn ich lange mit Gott spazieren gehe, mal allein, mal mit anderen. Und Bibellesen morgens um sechs, bevor der Tag beginnt – ich bin froh, wenn ich um diese Uhrzeit die tägliche Losung kurz aufsauge und das Bibellesen auf eine Zeit verschiebe, in der ich wirklich aufnahmefähig bin. Wie ich Gott meine Liebe zeige, sollte zu mir, meiner Persönlichkeit, meinen Vorlieben und meinem Alltag passen. Wie soll ein junges Paar mit kleinen Kindern jede Woche zum Hauskreis gehen? Die Kinder gehören abends ins Bett, und wenn sie nicht jede Woche einen Babysitter haben, dann könnte es mit dem geistlichen Leben schlecht aussehen. Ich bin froh, dass manche einen Familien-Hauskreis gegründet haben. Sie treffen sich samstagnachmittags, die Kinder spielen alle gemeinsam im Kinderzimmer, während die Eltern im Wohnzimmer in der Bibel lesen und beten.

Wenn man sich auf die Suche macht und ein bisschen kreativ denkt, dann findet man Alternativen, um die Liebesbeziehung zu Gott zu pflegen.

In welchem Bereich sollten Sie kreativ werden, um sich und Gott enger zusammenzubringen?

Ich bin mir sicher, dass Sie aufblühen werden, wenn Sie hier tiefer graben und geistliche Ausdrucksformen finden, die Ihnen entsprechen und die Sie gut in Ihr Leben integrieren können. Hier ruhen Schätze, die Ihre Welt reformieren könnten. Ich ermutige Sie sehr, Ihren eigenen Weg zu finden, den aber nicht ein Leben lang zu verfolgen, sondern immer mal wieder anzuhalten und die Augen für Neues zu öffnen.

Vielleicht sind Sie eine Schenkerin wie ich. Meine Liebe zu Gott zeigt sich also vor allem darin, dass ich Gott und andere so gerne beschenke: Gott mit meinem vielfältigen Dienst, andere mit Postkarten und kleinen Päckchen, wann immer ich ihnen begegne.

Was ist Ihre Sprache der Liebe?

Das Buch *Die fünf Sprachen der Liebe* von Gary Chapman (Francke Verlag) gibt es mittlerweile für jede Zielgruppe: ganz allgemein, für Eheleute, Kinder, sogar für Wenigleser. Sie sehen: Wenn Sie wirklich wollen, dann finden auch Sie Wege, Ihrer Liebe zu Gott Ausdruck zu verleihen!

Autorin: Rahel
Jahrgang: 1989
Beruf: Sanitätsoffizier
Leidenschaften: Sport, Menschen begleiten, die ihr Potenzial entfalten wollen, leckeres Essen

Als Ärztin bei der Bundeswehr: Ich und Gott – ein gutes Team

„Du möchtest etwas für Gottes Reich tun? Deine Zeit nach der Schule sinnvoll nutzen? Dann mach einen sozialen Einsatz in Afrika, helfe den Leuten dort und missioniere."

Mit dieser Aussage wurde auf diversen christlichen Veranstaltungen für Jugendliche geworben, als ich gerade mein Abi machte.

Ja, was kommt nach der Schule? Was hat Gott mit mir vor? Mir war schon länger klar, dass ich gerne im medizinischen Bereich arbeiten wollte. „Wunderbar, werde Krankenschwester oder Ärztin und geh doch auf so ein Missionsschiff!" Immer wieder bekam ich diese Tipps. Doch ich fragte mich, ob es nur möglich sein sollte, Gott in missionarischen Einsätzen zu dienen.

Eines Tages erfuhr ich, dass man auch als Arzt bei der Bundeswehr arbeiten kann. Nach anfänglicher Skepsis reizte mich das plötzlich sehr, weil ich schon immer gerne Sport gemacht hatte und mir nicht vorstellen konnte, nur Schnupfen und Durchfall in Deutschland zu behandeln. Ein Dienst bei der Bundeswehr versprach, spannend zu werden.

Nach einem Praktikum wuchs mein Interesse immer mehr. Beide Berufe zu erlernen – Soldatin und Offizier zu sein und Ärztin –, das faszinierte mich.

Ich fragte Gott also immer wieder, ob er mit mir diesen Weg gehen würde. Ob er mich segnen und zum Segen werden lassen würde in der Bundeswehr. Und er sprach sehr deutlich. Am ersten Tag der Grundausbildung schlug eine Stubenkameradin ihre Bibel auf, und es stellte sich heraus, dass auch sie Christin war. Später sagte sie mir, sie habe darum gebetet, dass es noch einen Christen in der Grundausbildung geben würde. Und ich war da. Ich schien am richtigen Ort zu sein.

Durch andere Menschen, Bibelverse, Predigten und mehrere kleine Erlebnisse bestärkte Gott mich weiter auf diesem Weg. Irgendwann verspürte ich diesen Frieden, dass ich genau hier richtig sein würde. Und Gott gebrauchte mich seitdem immer wieder im Gespräch mit anderen Leuten. Ich konnte für sie da sein und einfach meinen Glauben leben. Manch einer fragte nach, warum ich an Sonntagen früh aufstünde, und schon allein deswegen ergaben sich Gespräche.

Gott trug mich auch durchs Studium hindurch - diese Zeit war alles andere als leicht -, und er war treu.

Gott trug mich auch durchs Studium hindurch - diese Zeit war alles andere als leicht -, und er war treu.

Natürlich hätte ich es mir deutlich einfacher machen können. Ich hätte nicht unbedingt Ärztin werden müssen, nicht unbedingt zur Bundeswehr gehen müssen und nicht unbedingt in die Chirurgie, wo ich jetzt den Facharzt anstrebe. Es gibt Bequemeres und Einfacheres, wenn ich Gott dienen und ihm meine Liebe zeigen will. Hin und wieder frage ich mich, warum ich anscheinend ständig einen schwereren Weg gehen muss. Aber die Antwort ist immer: weil ich LEBEN will.

Was heißt das? Das heißt, dass ich zu der werden will, die Gott schon in mir sieht. Die Rahel, die Gott geschaffen hat. Mit allem, was er in mich hineingelegt hat. Ich bin überzeugt, dass jeder von uns ein einzigartiges Paket an Fähigkeiten, Interessen und Prägung mitbringt. Und dieses einzigartige Paket möchte Gott einzigartig nutzen – und zwar in viel größerem Maße, als wir es uns vorstellen können. Und das ist nicht immer der einfachste Weg. Oft ist es sehr herausfordernd, aber eben auch sehr bereichernd. Für das eigene Leben, die Arbeit und für Gottes Reich.

Von Gott ausgestattet

Immer wieder merke ich Gottes Segen in dem, was ich tue. Doch ich merke auch: Es ist entscheidend, welche Einstellung ich selbst habe. In unserer Gesellschaft wird immer wichtiger, dass man Selbsterfüllung findet. Und ja, das finde ich in meinem Leben ebenfalls wichtig. Aber das darf nicht das Hauptziel sein. Denn wenn das meine Priorität ist, werde ich egoistisch. Wie kann ich dann meine Patienten adäquat versorgen und mich Widrigkeiten aussetzen? Es kann nicht in erster Linie um mich gehen, sondern darum, dass ich Gott diene, egal, wo ich bin. Sei es in der Gemeinde oder in der Freizeit oder auf der Arbeit. Dabei ist egal, welchen Job ich habe, in welche Gemeinde ich gehe oder was ich gerade in der Freizeit mache.

Es ist ein riesiger Unterschied, ob ich zur Arbeit fahre und mein Ziel ist, dass es mir gut geht, ich Erfolg habe und meine Kollegen, Oberärzte oder Chefs viel von mir halten. Oder ob ich zur Arbeit fahre und Gott bitte, mich auszustatten, damit ich ihm gut dienen kann. Und das heißt nicht, dass ich von morgens bis abends über ihn rede. Es gibt da einen tollen Spruch von Franz von Assisi: „Predige das Evangelium zu jeder Zeit, und wenn nötig, benutze Worte."

Ganz praktisch merke ich das, wenn ich Extra-Geduld

und -Liebe bekomme für die Menschen auf der Arbeit. Menschen sind nicht immer ganz einfach, besonders dann nicht, wenn Krankheit ihre Lebenssituation beherrscht. Meine Aufgabe ist dann, sie auf ihrem Weg zu begleiten und auch zu führen. Mir hilft immer dieser Gedanke, dass Gott eine niemals versiegende Quelle der Liebe und Geduld ist. Er will mich immer wieder damit auffüllen. Die Frage ist nur, ob ich mich füllen lasse und diese Quelle anzapfe. Ich kann es alles aus eigener Kraft versuchen, nur komme ich damit nicht so weit. Meine Liebe und Geduld sind dann relativ schnell mal am Ende. Besonders in sehr stressigen Zeiten.

Und genauso ist es mit der Kraft und inneren Stärke, die ich als Soldatin brauche. Auch hier hält Gott unendlich viel bereit. Im Vertrauen auf ihn kann ich alles schaffen, selbst wenn es sich unmöglich anfühlt.

Da ist mir das Gebet eine unglaubliche Kraft. Wenn mir Situationen aus der Arbeit nachhängen, Patienten mir nicht aus dem Kopf gehen und Herausforderungen mir Angst machen, wende ich mich im Gebet an Gott. Hier kann ich ihm alles hinlegen, die Last fällt von mir ab, und wenn ich denke, dass ich nichts mehr tun kann – dann kann ich immer noch beten. Für meine Patienten, Angehörigen, Kameraden, Chefs.

Ich kann Licht sein, indem ich versuche, Nächstenliebe zu leben, geduldig, sanftmütig, freundlich und ehrlich zu sein.

Ich und Gott – wir sind ein echt starkes Team! Diese Beziehung verändert mich und hat Auswirkung auf mein Umfeld, weil ich trotz allem zuversichtlich sein kann.

Die Arbeit im Krankenhaus lässt es kaum zu, mit Patienten und Kollegen intensive Gespräche abseits von medizinischen Themen zu führen. Aber ich kann Licht sein, indem ich versuche, Nächstenliebe zu leben, geduldig, sanftmütig, freundlich und ehrlich zu sein. Genauso ist es in jedem Lebensbereich. Und ab und zu wundert sich mal jemand, wo es herkommt, dass ich immer mit einem Lächeln auf dem Gesicht zur Arbeit kommen kann, selbst wenn die Umstände manchmal alles andere als entspannt sind. Ich bin mir sicher, dass das an meiner Quelle - Gott - liegt.

Auch kann ich im Vertrauen auf Gott leben und arbeiten. Ich habe eine Zusage von ihm bekommen, dass er auf diesem Weg mit mir ist. Das hilft mir durch anstrengende und schwierige Zeiten hindurch. Ans Aufgeben habe ich deshalb noch nie gedacht. Vielmehr lerne ich, auf Gott zu vertrauen.

Ich wünsche mir, dass ich das in jeder Situation kann. Wenn ich in meinen ersten Auslandseinsatz gehe, werde ich mit Krieg und Not konfrontiert und selbst in Gefahr sein. Aber ob mir da etwas Schlimmes passiert, liegt nur bedingt in meiner Hand. Wie auch sonst im Leben. Es könnte mich ebenso in Deutschland ein Auto überfahren. Diese Gefahr ist nicht so offensichtlich wie die, im Krieg mit einer Waffe in der Hand auf Patrouille unterwegs zu sein. Aber sie ist genauso da. Und ob mir da etwas zustößt, liegt in Gottes Hand. Ich wünsche mir, dass ich in diesem Vertrauen Vorbild sein kann für meine Kameraden und Patienten. Dass ich Ermutiger sein kann auch in widrigsten Situationen.

Mein Leben mit Gott motiviert und fordert heraus. Er stattet mich mit dem aus, was ich brauche. Mit ihm kann ich mein komplettes Potenzial entfalten. Hier in Deutschland, als Soldatin und Ärztin. Und das wiederum dient anderen Menschen.

Eine Liebe, vier Formen

Gott selbst gibt Anregungen, wie es konkret gehen kann mit der Liebe. Sein Gebot heißt, ihn zu lieben mit ganzem Herzen, ganzer Hingabe, aller meiner Kraft und mit meinem ganzen Verstand. Sein heiliger Wille für uns ist, dass wir mit allem, was wir sind und haben, ihm unsere Liebe zeigen, seine Liebe erwidern. Mir wird bei diesen vier wichtigen Begriffen klar: Liebe ist nicht nur die Forderung nach sturem Tun oder Lassen, sondern nach einem aktiven und bewussten Lebensstil. Liebe fordert Aufwand: Zeit, Einsatz und Ressourcen. Hier geht es um eine Haltung. Und die beginnt im Herzen.

Liebe ist nicht nur die Forderung nach sturem Tun oder Lassen, sondern nach einem aktiven und bewussten Lebensstil.

Von ganzem Herzen

Der US-Pastor Mark Batterson schreibt in seinem Buch *Zurück zum wichtigsten Gebot: Gott lieben mit Herz, Seele, Verstand und Kraft* vom „Volk der Herztransplantierten". Dabei zitiert er aus Studien mit Menschen, die ein neues Herz bekamen, dass diese zur Überraschung der Ärzte mit dem Herzen tatsächlich auch ganz neue Verhaltensmuster erhielten: Sie zeigten neue sensorische Reaktionen, Gelüste und Gewohnheiten.

Wenn wir Menschen uns entscheiden, Gottes Liebe mit unserer Liebe zu erwidern, dann bekommen wir auch ein neues Herz: *„Ich gebe euch ein neues Herz und einen neuen Geist. Ich nehme das versteinerte Herz aus eurer Brust und schenke euch ein Herz, das lebt"* (Hesekiel 36,26; GNB). Wir gehören also zum Volk der Herztransplantierten und bekommen mit dem neuen Herzen auch ganz neue Verhaltensweisen implantiert.

Ich könnte es nicht besser zusammenfassen, als mein Kollege Batterson das tut:

> *Wenn wir Jesus unser Herz geben, schenkt Jesus uns sein Herz. Und wir gehören fortan zum Volk der Transplantierten. Dieses neue Herz lässt uns das Leben ganz neu wertschätzen. Demütig erkennen wir unsere Verantwortung an, den Spender in Ehren zu halten. Und die zellulären Erinnerungen, die mit dem transplantierten Herzen einhergehen, schenken uns ganz neue sensorische Reaktionen, Sehnsüchte und Gewohnheiten. Wir fühlen uns buchstäblich anders. Warum? Weil wir fühlen, was Jesus fühlt. Und unsere geheiligten Emotionen zeigen sich vor allem durch Mitgefühl. Unser Herz lässt sich von Dingen berühren, die das Herz Gottes berühren. Und das ist der Kern dessen, was es bedeutet, Gott von ganzem Herzen zu lieben.*[18]

Gott mit meinem ganzen Herzen zu lieben, heißt für mich persönlich, dass ich angerührt bin von dem, was Gott anrührt.

Gott mit meinem ganzen Herzen zu lieben, heißt für mich persönlich, dass ich angerührt bin von dem, was Gott anrührt. Jesus war angesichts der Krankheit und Armut von Menschen immer tief bewegt. Ich war es auch, als ich durch die Slums in ostindischen Millionenstädten lief. Dort zeigte sich meine Liebe zu Gott. Und der Film, der entstand, ist Ausdruck meiner Liebe zu Gott.

Wie ist das bei Ihnen? Was bewegt Sie, was zerreißt Ihnen das Herz, was macht Sie wütend und was lässt Sie vor Freude hüpfen? Das sind hilfreiche Fragen, deren Ihre ganz eigene Antworten Sie auf die Spur bringen werden, was es für Sie persönlich heißt, Gott mit Ihrem ganzen Herzen zu lieben.

Von ganzer Seele

Lieben von ganzem Herzen, das kommt mir bekannt vor. Aber mit der Seele? Wie geht das?

Die Seele ist etwas, das schon für uns Erwachsene schwer zu greifen ist. „Was ist eigentlich die Seele?“ ist also die erste Frage, die ich mir stelle, wenn es darum geht, Gott mit meiner ganzen Seele zu lieben.

Meine Schwägerin ist Grundschullehrerin und Schulseelsorgerin und fragte sich lange, wie sie Achtjährige in ihre Sprechstunde bekommen soll, damit sie dort ihren Sorgen und Ängsten Raum geben. Sie hat schließlich das Projekt „Seelenvogel“ gestartet, angelehnt an das gleichnamige Buch von Michal Snuit. Die palästinensische Schriftstellerin beschreibt darin die Seele als einen Ort, den jeder Mensch in sich trägt – es ist der Ort, an dem der Seelenvogel wohnt. Meine Schwägerin erzählt ihren Grundschulkindern diese Geschichte mithilfe eines Seelenvogels aus Plüsch und weiteren Utensilien. Mit diesem Bild schafft sie es, den Kindern Zugang zu ihrer Seele zu verschaffen, also zu ihrer Gefühlswelt und ihren inneren Ressourcen. Das finde ich ganz spannend! Denn wenn ich wissen will, wie das geht, Gott mit meiner Seele zu lieben, dann hilft es mir zu wissen, was meine Seele eigentlich ist und macht.

Die Seele – damit meinen wir heute grundsätzlich die Gesamtheit aller unserer Gefühlsregungen und aller geistigen Vorgänge. Oft sage ich in Seminaren und Coachings, dass vieles vom Kopf in die Seele fallen muss. Wahrheit, die im Kopf stecken bleibt, wird mich niemals prägen und ich werde sie niemals in Taten übersetzen – weil ich sie nie erfahren, nie gefühlt habe. Das ist eine zutiefst biblische Wahrheit, gerade wenn es um Gebote und um das Gebot, Gott zu lieben, geht: *„Es heißt ja in der Schrift: ‚Kein Auge hat je gesehen, kein Ohr hat je gehört, und kein Mensch konnte sich jemals auch nur* *vorstellen, was Gott für die bereithält, die ihn lieben*'" (1. Korinther 2,9; NGÜ). In der Liebe geht es über Sehen, Hören und Vorstellung hinaus. Die Liebe kommt in die Seele und aus der Seele, also auch aus dem Gefühl. Fühlen ist nichts Falsches, wenn die Entscheidung dazukommt. Viele Menschen spüren die Liebe Gottes und schenken sie zurück. Andere entscheiden sich erst für seine Liebe, weil es vernünftig oder klar scheint, und das Gefühl kommt hinterher. Immer aber geht es um Hingabe.

Mit meinem ganzen Verstand

Der Verstand spielt im Gebot, Gott zu lieben, auch eine wichtige Rolle. Wir sollten niemals unsere Neugier verlieren, Gott weiter entdecken, ihn besser verstehen zu wollen! Wenn ich jemanden liebe, will ich ihn immer besser kennenlernen. Das ist Liebe: dass ich wissen will, wer der andere ist! Wenn Sie in einer langjährigen Beziehung leben, werden Sie wissen: Sie entdecken auch nach Jahren, vielleicht Jahrzehnten immer neue Seiten am anderen. Was manch einer als nervig oder anstrengend empfindet, ist für mich so spannend. Denn es wird nie langweilig, im Gegenteil. So ist das auch mit Gott: Neue Situationen, neue Herausforderungen, neue Rahmenbedingungen geben mir die Möglichkeit, Gott von einer neuen Seite kennenzulernen. Ich kann schon so viel von Gott wissen und doch immer mehr Neues entdecken.

Das ist Liebe: dass ich wissen will, wer der andere ist!

Das ist auch etwas, was mir so wichtig geworden ist im Leben: Bis zu meinem letzten Atemzug bin ich in der Lage, zu lernen. Die Europäische Union steckt viel Geld in das Förderprogramm „Lebenslanges Lernen" – und ich möchte das auch tun: nicht stehen bleiben, sondern mein Leben zum Lernen nutzen. Gott lieben mit ganzem Verstand heißt, immer mal wieder zurückzutreten, aus mir herauszutreten, mein Leben zu betrachten und darüber nachzusinnen. Diese Veränderung meiner Perspektive hat mir schon oft die Augen für Gottes Liebe geöffnet – und meiner Liebe zu Gott Ausdruck verliehen. Wussten Sie, dass die Welt nie so ist, wie sie ist? Die Welt ist immer so, wie ich selbst bin, wie meine Denkweisen und Einstellungen sind. Hier mal ein Beispiel: Wenn ich meine, Gott nicht lieben zu können – der Grund kann sehr gewichtig sein! –, dann hilft oft nur ein strenger Perspektivwechsel: dass ich aus mir selbst heraustrete und zum Beispiel die Wut über bestimmte Lebensbedingungen in mir entdecke. Nur so habe ich die Chance, diese Wut wahrzunehmen und sie einzuordnen – um dann einen Weg zu finden, ihr zu begegnen, damit sie mir nicht mehr im Weg steht, wenn es darum geht, Gott zu lieben. Ich spüre immer wieder die Wut in mir, dass ich keinen Ehemann habe. Warum schenkt Gott mir denn keinen? Das wäre doch ein Leichtes für ihn! Wenn ich dann aus mir selbst heraustrete und merke, dass ich dieses Buch womöglich nicht mit Mann und Kindern neben meinem Schreibtisch schreiben würde, dann ist diese Störung meiner Gottesliebe recht schnell aus dem Weg geräumt. Grundsätzlich könnte ich natürlich auch mit Mann und Kindern Bücher schreiben, das ist auch eine Sache der Entscheidung. Vermutlich würde es mich aber sehr viel mehr Kraft kosten.

Mir ist wichtig, dass Sie eines verstehen: Die Welt ist so, wie ich bin. So, wie ich denke. Die Frage ist, wie ich mit dieser Erkenntnis umgehen möchte. Ich habe für mich entschieden: Ich will dankbar sein für das, was ich habe und was mir möglich ist. In meinem Fall: weil ich noch Single bin. Diese Dankbarkeit ist ein Ausdruck meiner Liebe zu Gott: Ich liebe ihn mit meinem ganzen Verstand. Und Dankbarkeit ist ein ganz wichtiges Element.

Vor einiger Zeit habe ich entdeckt, dass ich in meinem Tagebuch immer nur die rechten Seiten beschreibe. Das brachte mich auf die Idee, die linken Seiten als Raum für meine Dankbarkeit zu nutzen. Also schreibe ich auf die noch leeren Seiten jetzt immer Schlagworte meiner Dankbarkeit. Ein Ausdruck meiner Liebe zu Gott, aus meinem Verstand heraus, der wiederum meine Seele prägt – und mich mit Kraft erfüllt.

Mit aller meiner Kraft

Denn als viertes Element im Gebot, Gott zu lieben, wird die Kraft genannt. Das, was im Ursprungstext im Alten Testament kein Thema war – da kam die Kraft nämlich noch nicht vor –, ist im Neuen Testament wohl ein hilfreicher Zusatz für die damalige Umwelt. Da war es schlicht wichtig, auch *zu tun*. Mir kommt dieser Ausspruch in den Sinn: „Bete, als hinge alles von Gott ab; arbeite, als hinge alles von dir ab." Gott mit aller Kraft zu lieben, heißt, sich mit allem, was man kann, für sein Reich einzusetzen. Es heißt, viel Energie in die Dinge zu stecken, die Gottes Welt betreffen. Je nachdem, welcher geistliche Charakter ich bin, kann das heißen, dass ich regelmäßig Kirchenräume putze (dienender Charakter), dass ich mich immer wieder tagelang in die Stille und Einsamkeit zurückziehe, um Gott anzubeten und Fürbitte zu halten (kontemplativer Charakter) oder dass ich ein Buch und einen Artikel nach dem anderen schreibe oder lese (intellektueller Charakter). Hier gibt es kein Besser oder Schlechter – nur das Anders. Ich lerne immer mehr, diese Vielfalt zu feiern und meine Ängste vor dem Anderen, oft so Fremden, in die Bewunderung zu überführen. Denn nur, weil mir etwas fremd oder unbekannt ist, ist es nicht schlechter. Ich will nicht werten, sondern dankbar und unvoreingenommen die Vielfalt feiern, die Gott in dieser Welt geschaffen hat.

„Bete, als hinge alles von Gott ab; arbeite, als hinge alles von dir ab."

Gott hat uns mit Herz, Seele, Kraft und Verstand ausgestattet – vier Möglichkeiten, ihm unsere Liebe zu zeigen.

Herz mit Händen

Mir kommt beim Gebot, Gott zu lieben, immer mal wieder ein Herz mit Händen in den Sinn, das ein internationales Möbelhaus in allen Größen verkauft. Eine kleine Variante hängt an meiner Schreibtischlampe, eine große liegt seit Jahren als Kissen in meinem Bett. Dieses rote Herz mit Händen ist für mich ein Bild dafür, wie ich das Gebot, Gott zu lieben, erfüllen möchte: Meine Hände hängen an meinem Herz. Wenn mein Herz bewegt ist, bewegen sich auch meine Hände. Dies ist ebenfalls ein zutiefst biblisches Prinzip:

> *Aber es reicht nicht, nur auf die Botschaft zu hören – ihr müsst auch danach handeln! Sonst betrügt ihr euch nur selbst. Denn wer ihr nur zuhört und nicht danach handelt, ist wie ein Mensch, der sich im Spiegel betrachtet. Er sieht sich, geht weg und vergisst, wie er aussieht. Wer aber ständig auf das vollkommene Gesetz Gottes achtet – das Gesetz, das uns frei macht – und befolgt, was es sagt, und nicht vergisst, was er gehört hat, den wird Gott segnen.*
>
> Jakobus 1,22-25

Zur Theorie kommt immer die Praxis, zum Glauben kommen immer auch die Werke, zur Liebe im Gefühl kommt immer auch die Liebe, die sich im Verstand manifestiert und sich entschieden hat und sich in Taten zeigt. Nicht umsonst gesellt Jesus zum Liebesgebot die Geschichte des barmherzigen Samariters.

Ich und die anderen

Wenn ich von Gottes Liebe voll bin, dann habe ich ausreichend Liebeskapazität, auch meinen Nächsten zu lieben. Das ist das zweite Gebot, das Gott mir aufgibt: „Du sollst deine Mitmenschen lieben!"

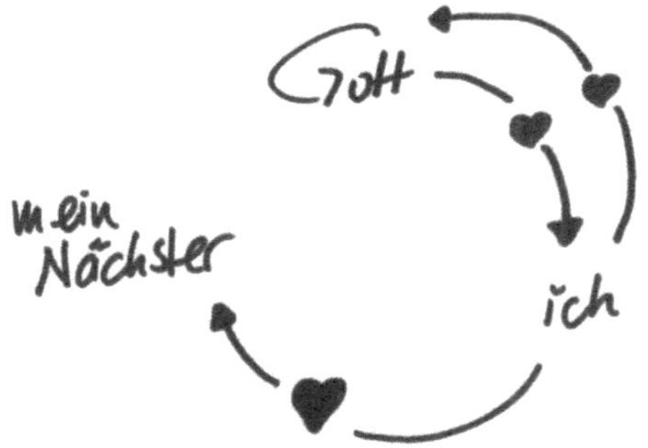

Also ein dickes Herz für den Nächsten!

Ich habe mir neulich einmal vorgestellt, wie das wohl wäre, wie ich mich wohl fühlen würde, wenn dieses hier passierte: Ich bin auf dem abendlichen Nachhauseweg und werde übel zusammengeschlagen. Nach Schlägen und Tritten liege ich schwer verletzt zwischen zwei Gullideckeln auf der Straße. Niemand bemerkt diesen Überfall, und niemand bemerkt mich. Es ist eine einsame Gegend, hier kommt eh selten jemand vorbei. Da liege ich nun, meinem Schicksal überlassen. Aber dann kommt doch jemand! Endlich! Ich sehe aus meinen zuschwellenden Augen, dass es mein Pfarrer ist. Ein Wunder! Er kommt, um mich zu retten. Leider muss ich feststellen, dass er mich zwar sieht, aber sofort die Straßenseite wechselt und so tut, als sähe er mich nicht. Und schon ist er auch wieder weg. Es dauert nicht lange, da höre ich wieder jemand nahen. Ich nehme das Klackern von High Heels wahr, und die gehören zu einer Dame aus dem Vorstand meiner Kirche. Sie leitet auch den Chor, in dem ich so gerne singe. Ich freue mich – denn sie mit ihrem weichen Herzen wird mir ja wohl helfen! Weit gefehlt – sie wechselt ebenfalls die Straßenseite und lässt mich liegen.

„Hallo, was geht hier ab?!", frage ich mich in meinem Elend – und bleibe liegen. Aufstehen geht nicht mehr. Nach einer ganzen Weile, ich habe die Hoffnung auf Hilfe längst aufgegeben, höre ich wieder Schritte. Es nähert sich mir jemand mit großem Rucksack. Ein Mann, offensichtlich auf Reisen. Er bleibt bei mir stehen, beugt sich runter und fragt mich in komischem Dialekt, aber sehr sanft, was denn passiert sei und wie er helfen könne. Ich bringe in meinem Zustand nicht mehr viel raus. Dieser Mann versteht die Lage und wählt den Notruf. Aber nicht nur das: Er bleibt bei mir. Legt mir seine Jacke um. Gibt mir was zu Trinken aus seiner Flasche. Und er bleibt, als der Rettungswagen ankommt und mich verlädt. Er fährt sogar mit ins Krankenhaus und stellt sicher, dass ich gut versorgt werde. Er geht erst, als er weiß: Hier wird alles wieder gut.

So etwas ist mir noch nie passiert, und ehrlich gesagt möchte ich es auch nicht erleben. Also zumindest den ersten Teil des Überfalls nicht. Den zweiten Teil schon: dass im Notfall jemand da ist und mir hilft – anstatt die Straßenseite zu wechseln und sich schnell aus dem Staub zu machen. Das ist es doch, was wir häufig erleben: Wenn es ernst wird, verkriechen sich die Leute. Verkrieche auch ich mich.

Mit dem Gleichnis vom barmherzigen Samariter wollte Jesus den Leute erklären, wer der Nächste für sie ist. Jesus antwortete damit auf die Frage des Gesetzeslehrers, wer denn der Nächste wohl sei.

Ich habe dieses Gleichnis mit der fiktiven Geschichte oben einfach einmal in meine mögliche Erlebniswelt übertragen.

Damit mir und Ihnen deutlich wird, wer der Nächste für uns heute ist. Hier geht es um mich – und Sie! – und die anderen. Ein oft vernachlässigter Teil, wie ich finde. Auch wir sollten uns viel häufiger fragen, wer unser Nächster eigentlich ist.

Grenzenlose Nächstenliebe

Es ist der zweite Teil im Liebesgebot, der offensichtlich so wichtig ist: *„Du sollst deinen Mitmenschen lieben wie dich selbst"* (Lukas 10,27; NGÜ). Der Gesetzeslehrer, mit dem Jesus hier im Gespräch war, hatte eine klare Antwort. Er hatte das fromme Regelwerk in der Theorie ganz brav gelernt, vielleicht sogar verstanden. Aber seine Nachfrage am Ende macht deutlich, wie unsicher er in der Praxis war; er sah aus irgendeinem Grund die Notwendigkeit, sich zu rechtfertigen: „Äääähm, ähhh, wer ist denn aber eigentlich mein Mitmensch?", wollte er abschließend noch von Jesus wissen. Der Gesetzeslehrer als gläubiger Jude hatte vermutlich wie alle damals gelernt, dass zu den Nächsten die Angehörigen des Volkes Israel zählten. Und vielleicht noch deren Freunde. Alle anderen aber nicht. Die waren ja ungläubig und daher wenig achtenswert. Vermutlich ahnte der Gesetzeslehrer, dass Jesus hier was anderes lehrte. Mit der Geschichte des barmherzigen Samariters rammte er ganz neue Pflöcke ein: Der Nächste, so machte er klar, ist jeder. Also wirklich ausnahmslos jeder. Die Unterscheidung zwischen Jude und Nichtjude, Grieche, Samariter und sonst wem ist nicht mehr aktuell. Wenn jemand in Not ist, dann ist ihm zu helfen. Punkt.

Ein bisschen fies ist die Geschichte, die Jesus dann erzählt, aber schon, finde ich. Denn es ist immerhin die kirchliche Elite, die den Verletzten da so liegen lässt. Und es ist ein wegen seines Lebensstils und wegen seiner Herkunft Verachteter, der dem Verletzten schließlich hilft. Samariter waren damals wenig beliebt. Das Gebot der Nächstenliebe gab Jesus hier also besonders eindrücklich raus: Nächstenliebe heißt, Menschen in Not zu helfen. Ohne Unterschied und bedingungslos.

Was so einfach klingt und in der Theorie so selbstverständlich wirkt, ist in der Praxis eine der größten Herausforderungen. Das wusste der Gesetzeslehrer damals im Gespräch mit Jesus – und das weiß ich heute. Sie vermutlich auch.

„Wir schaffen das!"

Ich bin mir sicher: Dieser fremde Mann aus Samarien könnte zu dem Verletzten diesen Satz gesagt haben: „Wir schaffen das! Wir schaffen das, dich hier aus der Wüste Judas wegzubringen, zur nächsten Stadt, in die Obhut freundlicher Menschen mit ärztlicher Versorgung. Wir schaffen das!" Wie ich in der biblischen Geschichte lese, haben sie es tatsächlich geschafft.

Dieses „Wir schaffen das" ist der Satz des Jahres 2015, ausgesprochen von der deutschen Bundeskanzlerin Angela Merkel am 31. August. Dieser Satz ist so berühmt, dass er sogar einen eigenen Eintrag in der Onlineenzyklopädie Wikipedia hat. „Wir schaffen das!" ist die Kernaussage der Willkommenskultur, die in Deutschland und Europa dermaßen umstritten ist, dass sie die Politik über Jahre prägen wird – sogar über die Grenzen Europas hinaus. Als im Sommer 2015 Hunderttausende Flüchtlinge aus aller Herren Länder bei uns in Europa ankamen und gegen Zäune und Mauern drückten – da hat Angela Merkel ihr westlich-christliches Herz weit aufgemacht und Zäune und Mauern öffnen lassen mit dem Satz „Wir schaffen das". Seit-

Da hat Angela Merkel ihr westlich-christliches Herz weit aufgemacht und Zäune und Mauern öffnen lassen mit dem Satz „Wir schaffen das".

dem fragen wir uns, was wir da zu schaffen haben und wie wir das alles jemals schaffen sollen. Natürlich gilt es hier, kluge politische Entscheidungen zu treffen, die langfristig sinnvoll sind. Natürlich können wir in Europa und Deutschland nicht die Probleme aller lösen und die ganze Welt an unserem Wohlstand teilhaben lassen. Natürlich ist es schwierig zu unterscheiden, wer wirklich in Not war und ist und wirklich Schutz benötigt und wer nicht. Natürlich kommen bei Hunderttausenden Flüchtlingen auch von allen welche mit: einige Kluge, einige weniger Gebildete, viele Freundliche, viele Unverschämte, manche Gläubige und manche radikal Religiöse. Das wäre bei uns Europäern nicht anders, müssten wir mal irgendwohin flüchten.

Jesus sagt: Das alles sind unsere Mitmenschen, unsere Nächsten. Ihnen haben wir in ihrer Not zu helfen. Und: Wir sollen es genauso machen wie der Samariter. Nicht erst checken, wer das ist, der da liegt, ob er oder sie meine Hilfe verdient hat, ob es gerecht und gerechtfertigt ist zu helfen und so weiter – und dann möglicherweise einen weiten Bogen machen. Wir sollen schlicht und zuallererst dies tun: anpacken. Liebe stellt immer erst einmal Blankoschecks aus.

Liebe stellt immer erst einmal Blankoschecks aus.

Der Nächste ist jeder

„Wir schaffen das" ist nicht die Antwort auf die Frage, wer mein Nächster sei. Es ist die Antwort auf die Frage, wem ich der Nächste sein sollte. Wir können jammern und lamentieren und diskutieren – alles das ist gut und in Ordnung und vielleicht sogar notwendig und hilfreich. Aber das Gebot Gottes ist klar: Du sollst deinen Nächsten lieben. Und der Nächste ist jeder Mensch dieser Welt: ob schwarz oder weiß, nach Osten oder Westen betend, gut gestylt oder im Schlabberlook, in Hig Heels oder Sandalen. Jeder Mensch, der über diese Erde geht, ist von Gott geliebt. Und jeder Mensch hat genau deshalb meine Liebe verdient. Weil Gott mich liebt und im Idealfall ich auch Gott liebe, ist es an mir, diese Liebe weiterzugeben an alle Menschen dieser Welt.

Hier hört die Theorie des Glaubens auf und will in die Praxis überführt werden. Hier geht es um Taten. Ums Tun. Ums Herz mit Händen. Ums tägliche Miteinander, um Solidarität und Verbundenheit innerhalb einer Gemeinschaft und Gesellschaft. Einander zu lieben, ist Gottes Rat an uns. Ich selbst bin überzeugt:

Den Nächsten zu lieben, ist die Basis jeder Gemeinschaft, jeder Gesellschaft. Haben Sie sich darüber schon einmal Gedanken gemacht?

In dem Ausspruch „Wir schaffen das“ hängt eine Entscheidung – haben Sie das schon gemerkt? Liebe ist immer eine Entscheidung, kein Gefühl. Ich entscheide mich, zu lieben – und damit auch, zu helfen.

Diese Entscheidung beginnt mit *meiner* Entscheidung, Gottes Liebe anzunehmen. Das hatten wir schon früher in diesem Buch. Jesus macht das Liebesgebot an anderer Stelle in der Bibel sehr klar: *„Ich gebe euch ein neues Gebot: Liebt einander! Ihr sollt einander lieben, wie ich euch geliebt habe. An eurer Liebe zueinander werden alle erkennen, dass ihr meine Jünger seid“* (Johannes 13,34-35; NGÜ).

Bei allen Herausforderungen, die uns dieser Satz gebracht hat, bin ich Angela Merkel sehr dankbar, dass sie ihn gesagt hat. Denn sie machte damit deutlich – und das hat scheinbar noch keiner so richtig bemerkt –: Wir sind hier Christen! Wir lieben Gott und wir halten uns an seine Gebote! Wir sind seine Jünger – und am „Wir schaffen das“ kann die Welt das erkennen. Das oberste Gebot ist, Gott zu lieben und die Mitmenschen. „Wir schaffen das" ist ein wunderbarer und einzigartiger Ausdruck dessen.

Und ich weiß auch, dass das alles nicht so einfach ist. Es ist ärgerlich, wenn das Kind seit Monaten keinen Sportunterricht mehr hatte, weil in der Sporthalle Flüchtlinge untergebracht sind. Ich empfinde es als herausfordernd, nicht wirklich gut zu wissen, wie man diese Masse an Fremden (und Fremdem) langfristig in unsere Gesellschaft integrieren kann. Es ist für mich eine ungeklärte Frage, wie es in dieser Welt weitergehen soll – wie sollten alle Menschen aus allen Krisenherden bei uns Zuflucht finden? Und ja, es macht mir Angst, zu wissen, dass unter den Flüchtlingen auch Terroristen ganz easy in unsere Gegend gelangt sein können, um Unheil anzurichten.

Aber das Gebot Gottes gilt trotzdem: Liebe deinen Nächsten.

Meine Mutter sagt immer, Angst sei kein guter Berater. Und das stimmt. Meine Erfahrung zeigt, dass die Liebe mich viel kompetenter berät.

Die Liebe in den Weg stellen

Meinen vielen Ängsten – allein wegen der Flüchtlingskrise und des Merkelschen „Wir schaffen das" – stelle ich stur die Liebe *von* Gott und meine Liebe *zu* Gott in den Weg. Er weiß es besser, da bin ich mir sicher. Das ist kein naives „Wegbeten". Es ist eine schlichte, wenn auch herausfordernde Strategie, die meinem Leben dient. Und ich bin mir sicher, dass sie auch dieser Welt diente, wenn wir sie denn zulassen würden. Als Christ weiß ich, dass am Ende alles gut wird. Ich brauche meinen Wohlstand hier nicht zu verteidigen. Nichts davon werde ich einmal mitnehmen

Als Christ weiß ich, dass am Ende alles gut wird.

bei meinem Umzug nach oben. Aber ein Liebe-volles Leben hier und heute wird einen Unterschied bewirken – nicht nur in meinem Herzen.

Je näher mir mein Nächster kommt, desto spannender wird die Geschichte ja, denn desto größer wird erst einmal meine Angst. Je näher ich ihn oder sie dann aber kommen lasse, je besser ich ihn oder sie kennenlerne, desto kleiner wird die Angst auch wieder. Das zumindest ist meine Erfahrung. Und ich will einfach nicht vergessen, wie privilegiert ich leben darf.

Nichts von meinem Wohlstand habe ich mir selbst erarbeitet. Das waren meine Großeltern. Die haben aus dem Schutt der 1940er-Jahre das alles hier aufgebaut. Und meine Großeltern waren selbst Flüchtlinge. Bei meinen Eltern im Schirmständer steht bis heute der Holzstock, mit dem mein Großvater durch halb Europa gewandert ist. Irgendwo ist er damit durch die Donau geschwommen und hat ein neues Zuhause gefunden. Er war zu Fuß auf der Suche nach einer neuen Heimat. Und er durfte sie finden: bei Fremden, die ihm Nächste waren.

Manchmal versuche ich mir vorzustellen, was sich meine Großeltern vor achtzig, neunzig Jahren sicherlich auch nicht vorstellen konnten: dass mein Zuhause zerbombt wird und ich um mein Leben renne.

Genau das ist es, was vielen widerfahren ist, die heute bei mir in der Nachbarschaft Zuflucht suchen. Unvorstellbar, aber wahr. Das Mindeste, das ich tun kann, ist, regelmäßig meinen vollen Kleiderschrank auszumisten und die großen Säcke im Containerdorf am Rand des Viertels abzugeben. Und das, was ich als Bonus noch dazugeben will, ist, der Angst der Menschen die himmlische Liebe in den Weg zu stellen. Wir alle haben diese Angst! Die Geflüchteten genauso wie ich.

Aber den Nächsten lieben – das schaffen wir ja oftmals nicht einmal mit denen, die uns ganz nah sind …

Lieben oder mögen?

Ich bin mir sicher, dass auch Sie Nachbarn haben, die Sie ärgern. Weil sie sonntagmittags den Rasen mähen, den Müll nicht ordnungsgemäß sortieren oder ihre Partys zu laut sind. Oder Sie haben Arbeitskollegen, die sich immer wieder danebenbenehmen. Vielleicht ist es auch Ihre Ehepartnerin, Ihr Vater, vielleicht sind es Ihre Geschwister oder die Schwiegerfamilie oder die Freunde: Das alles sind unsere Mitmenschen, unsere Nächsten. Sie zu lieben, ist heiliges Gebot Gottes. Keine Option, sondern Pflicht. Nur so funktioniert das Miteinander, sagt Gott ganz klar schon, als er dieses Gebot erstmalig in die Welt brachte. Damals ging es um das friedliche Miteinander des Volkes Israel. Heute geht es um Ihr friedliches Miteinander mit den Menschen um Sie herum – wer auch immer das sein mag. Ich erinnere Sie: Ein Liebe-volles Leben ist die Basis jeder Gemeinschaft. Lieben heißt, zur Stelle zu sein, wenn Hilfe gebraucht wird. Lieben heißt auch, respektvoll miteinander umzugehen, nicht schlecht übereinander zu sprechen, sondern viel *miteinander* zu reden. Sie merken: Lieben ist gar nicht so einfach.

Damals ging es um das friedliche Miteinander des Volkes Israel. Heute geht es um Ihr friedliches Miteinander mit den Menschen um Sie herum.

Mit wem haben Sie gerade Ärger? Wem verweigern Sie schon lange das Gespräch – oder wer verweigert es Ihnen? Wen können Sie nicht ausstehen? Und wen halten Sie sich lieber vom Leibe?

Lieben ist eine himmlische Angelegenheit, die über menschliches Empfinden hinausgeht. Das tröstet mich sehr – und hilft mir tatsächlich ganz praktisch. Es gibt eine Liedstrophe auf Deutsch von Manfred Siebald, da heißt es:

Nimm Gottes Liebe an! Du brauchst
dich nicht allein zu müh'n,
denn seine Liebe kann in deinem Leben Kreise zieh'n.
Und füllt sie erst dein Leben, und setzt sie dich in Brand,
gehst du hinaus, teilst Liebe aus, denn
Gott füllt dir die Hand.[19]

Gott füllt mir die Hand – ohne diese „Free Refills" wäre ich aufgeschmissen. Denn mein Liebeskontingent ist sehr schnell aufgebraucht, wie ich regelmäßig merken muss. Lieben ist nicht einfach, aber an Gottes Leitung wird es möglich! Das erlebe ich auch immer wieder.

Und ich merke, wie sehr meine Liebe zu meinen Mitmenschen eine Entscheidung ist. Würde ich nach meinem Gefühl gehen, gäbe es von mir nicht viel Liebe in dieser Welt. Gott sei Dank muss mein menschliches Empfinden hier nicht die große Rolle spielen.

Ich habe irgendwann einmal gemerkt, dass es einen Unterschied gibt – und geben darf! – zwischen Lieben und Mögen. Lieben ist ganz klar himmlisches Gebot: „Du sollst den HERRN, deinen Gott, lieben und deinen Nächsten wie dich selbst!" Hier ist kein Platz für Gefühlsduselei. Aber es gibt schon auch einen Platz für meine Gefühle: bei dem, was ich mag und was nicht. Auch *wen* ich mag und *wen* nicht. Es ist ja völlig in Ordnung, dass ich nicht jeden Menschen dieser Welt mögen muss. Manchen Flüchtling kann ich genauso wenig leiden wie manchen Nachbarn oder Arbeitskollegen oder Kunden. Aber lieben soll ich sie alle gleichermaßen. Das tröstet mich nicht nur, es hilft mir auch. Meine Liebe zu Gott ist hier tatsächlich mein Motor. Weil ich Gott liebe und seinem Liebesgebot folgen will, kann ich dem

Ich habe irgendwann einmal gemerkt, dass es einen Unterschied gibt – und geben darf! – zwischen Lieben und Mögen.

blöden Nachbarn, der am Wochenende immer viel zu laut und viel zu lange feiert, helfen, wenn er einen Wasserrohrbruch hat. Weil ich Gott liebe und seinem Liebesgebot folgen will, kann ich der alten Frau, die mich immer nur grimmig anschaut, helfen, wenn ich sehe, dass ihr vor der Tür die Einkaufstasche gerissen ist. Weil ich Gott liebe und seinem Liebesgebot folgen will, kann ich dem Flüchtling, der mir so fremd ist und der komisch riecht, Shampoo und eine Zahnbürste und noch dazu ein freundliches Wort schenken.

Beim Lieben hat mein menschliches Empfinden wenig Platz – hier geht es ums Halten des wichtigsten Gebotes, das Gott uns gegeben hat. Beim Mögen kann ich machen, was ich will. Aber es sollte doch auch von der Liebe bestimmt sein. Lieben soll immer sein, Mögen braucht es nicht.

Wo hilft Ihnen der Unterschied zwischen Lieben und Mögen? Welche Beziehung wird – vielleicht wieder – möglich, weil Sie „nur" lieben, aber nicht mögen brauchen?

Ich bin mir sicher, dass diese Überlegungen Ihnen helfen werden, mit dem Liebesgebot Gottes umzugehen und es entschieden und gleichzeitig ganz entspannt in Ihr Leben zu holen!

Autorin: Shabnam Jalali
Jahrgang: 1975
Beruf: Beraterin für interkulturelle Kommunikation (CROSS CULTURE CONSULTING – Shabnam Jalali)
Leidenschaften: Menschen, Reisen, Wein, Kulinarisches, Tanzen

Sechs Worte, die Konsequenzen haben

„Liebe deinen Nächsten wie dich selbst!" Eine Aneinanderreihung von sechs Wörtern, die zusammen einen sehr leicht verständlichen Satz ergeben. Will man meinen. Oft wird der Satz verkürzt auf „Liebe deinen Nächsten!" Das ist ja wunderbar, noch viel klarer und einfacher. Will man meinen. Nächstenliebe – ein großartiger Wert. So vielseitig verwendbar und vereinend. Ob Christen, Muslime, Humanisten oder Buddhisten – alle sind sich einig: Nächstenliebe ist ein zentraler Wert unserer Gesellschaft, vor allem im Sinne von Helfen. So machen sich viele Menschen auf und packen an. Sie helfen, wo auch immer Hilfe benötigt wird. Mehr als ein Drittel der Bevölkerung in Deutschland engagiert sich ehrenamtlich.

Nächstenliebe – ein großartiger Wert. So vielseitig verwendbar und vereinend.

Gerade im Jahr 2015 war es atemberaubend zu beobachten, wie viele Menschen sich für Geflüchtete einsetzten. Unermüdlich standen sie Tag für Tag an Bahnhöfen, begrüßten und versorgten sie. Sie gründeten Initiativen, gaben Deutschunterricht und spendeten Geld und Klamotten. So manchen blieb aber auch der Atem weg, weil er oder sie Angst bekam: „Wie soll das gehen?" –

„Was, wenn da Kriminelle ins Land kommen?" - „Immer diese Gutmenschen ..." - „Was ist mit mir?"

Gelebte Nächstenliebe, die Angst und Hass verursacht? Ist das möglich?

Ja, das ist möglich, wenn das Gebot aus dem Zusammenhang gerissen und der Sinn dadurch verfremdet wird.

Wenn man nicht versteht, dass da Gesetzmäßigkeit von Gott vorgegeben ist. Gott liebt mich und ich liebe ihn. Das ermöglicht es mir erst, andere zu lieben. In einer ganz besonderen Art und Weise wird dieses Prinzip in einer Begebenheit deutlich, die in der Bibel im Johannesevangelium, Kapitel 20, Verse 11bis 18, beschrieben wird. Maria Magdalena ist gekommen, um den Leichnam von Jesus zu salben, und findet das Grab leer vor. In der Annahme, man hätte ihn gestohlen, klagt sie ihr Leid dem Fremden, der plötzlich bei ihr in der Höhle steht. Erst, als er sie beim Namen ruft, erkennt sie ihn. Es ist Jesus. Jedoch erlaubt er ihr nicht, ihn zu berühren.

Rainer Maria Rilke beschreibt diese Begebenheit in seinem Gedicht *Der Auferstandene* und interpretiert in die Geste von Jesus eine Absicht hinein: Er will Maria befähigen, eine Liebe zu entdecken, die unabhängig ist von gegebenen Umständen:

Sie begriff es erst in ihrer Höhle,
wie er ihr, gestärkt durch seinen Tod,
endlich das Erleichternde der Öle
und des Rührens Vorgefühl verbot,
um aus ihr die Liebende zu formen
die sich nicht mehr zum Geliebten neigt,
weil sie, hingerissen von enormen
Stürmen, seine Stimme übersteigt.

Durch seinen Tod und seine Auferstehung befähigt Jesus uns, eine neue Dimension der Liebe zu empfangen und weiterzugeben.

Bis vor einigen Jahren habe ich – wie vermutlich viele andere Christen auch – sehr zweidimensional auf das göttliche Liebesgebot geschaut. Liebe empfangen (Gott an mich) und Liebe weitergeben (ich an Gott und an andere). Liebe weitergeben hieß für mich lange: anderen helfen. Super einfach, super gut, mehr davon! Menschen zu helfen war schon immer meine Leidenschaft. Also machte ich sie mir zum Beruf. Seit sechs Jahren berate ich nun Einzelpersonen, Organisationen und Unternehmen zum Thema interkulturelle Kommunikation. Dabei entwickle ich für bzw. mit unterschiedlichen sozialen Organisationen Konzepte und Projekte im Themengebiet Integration.

Wie vielfältig und mehrdimensional es ist, Liebe zu empfangen und weiterzugeben, durfte ich ganz besonders beim „Helfen" von jungen Menschen lernen. Jugendliche, die bereits in ihrem kurzen Leben ein Maß an Leid erfahren haben, das locker für ein 80-jähriges Leben ausreichen würde.

Hätte ich die Grundprinzipien des Liebesgebots nicht beachtet, wäre ich mit großer Wahrscheinlichkeit nach bereits einem Jahr selbst in eine Klinik eingeliefert worden, mit der Diagnose Burn-out.

Liebe deine Nächsten wie dich selbst

Zunächst musste ich feststellen, dass es nicht „hilf", sondern „liebe" deinen Nächsten heißt, und zwar „wie dich selbst".

„Was? Moment mal, es geht hier nicht um mich! Ich

will doch den anderen helfen! Was hat das mit der Liebe zu mir selbst zu tun?" Diesen Teil des Gebots lassen wir oft und gerne weg, weil es da ums Eingemachte geht. Die meisten Menschen scheuen sich so sehr davor, weil sie sich selbst nicht lieben können. Sie denken, es sei viel einfacher, sich auf den anderen zu konzentrieren. Das jedoch ist ein tödlicher Fehler! Das ist genauso wie bei den Sicherheitsanweisungen im Flugzeug, die die Flugbegleiter zu Beginn der Reise immer durchsagen und vormachen: *„Sollte der Druck in der Kabine sinken, […] ziehen Sie eine der Masken ganz zu sich heran und drücken Sie die Öffnung fest auf Mund und Nase. Danach helfen Sie mitreisenden Kindern."*

Wenn man nicht sich selbst zuerst versorgt, erstickt man, bevor man den anderen helfen kann. Ganz einfache Logik, die ich glücklicherweise auch im Liebesgebot wiederfinde: Gott liebt mich, dadurch kann ich ihn lieben und mich selbst. Dann erst bin ich fähig, den anderen zu lieben. Aber dann bin ich wirklich fähig, jeden anderen zu lieben.

Gott liebt mich, dadurch kann ich ihn lieben und mich selbst. Dann erst bin ich fähig, den anderen zu lieben. Aber dann bin ich wirklich fähig, jeden anderen zu lieben.

Viele der jungen Menschen, mit denen ich in den vergangenen sechs Jahren arbeiten durfte, stehen im wahrsten Sinne des Wortes am Rande unserer Gesellschaft. Alle reden über sie, und kaum jemand nimmt sie wahr.

Für mich sind Jugendliche die spannendste und zugleich brutalste Gruppe an Menschen, mit denen man arbeiten kann. Sie schauen dir direkt in die Seele. Sie wollen wissen, ob du das, was du sagst, auch tatsächlich selbst lebst. Sie schleudern dir die brutalsten Aussagen an den Kopf, nur um zu sehen, ob du auch wirklich, wie du es versprochen hast, an ihrer Seite bleibst – oder nicht. Wer da sich selbst nicht lieben kann, ist verloren. Wenn man den Jugendlichen aber authentisch Gottes Liebe vorlebt, hat das weitreichende Konsequenzen, wie ich schon einige Male erleben durfte.

Da ist dieser junge Mann, der seine gesamte Familie in einem Land zurücklassen musste, in dem täglich Bomben hochgehen. Mit nur vierzehn Jahren hat er sich ganz alleine auf den Weg gemacht: zunächst in eine größere Stadt, um dort etwas Geld zu verdienen für seine Familie. Dort hörte er von diesem Land, ganz weit weg von zu Hause: „Dort hast du eine Zukunft. Du kannst zur Schule gehen. Aus dir kann was werden. Du musst nur für eine Weile diese Sachen für uns ausliefern an Kunden. Dann hast du bald genug Geld zusammen für deine Reise." Mit ca. sechzehn Jahren machte er sich auf diese Reise. Gut fünf Monate war er unterwegs, davon zwei Monate im Wald, ganz alleine. „Ich dachte, ich würde sterben. Da betete ich zu Allah", erzählte er mir einmal. Gott schickte ihm Hilfe durch einen Mann, der ihn einfach mitnahm und ihm Essen gab. Die Reise ging weiter über das Meer. „Ich habe Menschen ertrinken sehen", berichtete er weiter. In Deutschland angekommen, lernte ich ihn kennen. Ich durfte ihn einige Monate lang begleiten. Sein innigster Wunsch: ein Gottgefälliges Leben führen. Über Monate hinweg erörterten wir gemeinsam, was das heißen kann – für ihn als gläubigen

Muslim und für mich als Christin. Einmal erzählte er mir, dass er gerne später ein Buch schreiben möchte. Ein Buch, das seine Kultur und die deutsche Kultur erklärt. Das Buch soll den Deutschen und seinen Landsleuten helfen, einander besser zu verstehen. Nächstenliebe ist ansteckend!

Nächstenliebe heilt!

Da war dieses junge Mädchen, eine Christin, damals sechzehn Jahre alt, Vater abwesend, Mutter alkoholabhängig. Trotz der unvorstellbaren Gewalt, die sie durch Fremde und Familienmitglieder erfahren hatte, sprühte aus ihren Augen der Drang nach purem Leben. Das Allererste, das sie zu mir sagte, war: „Nichts gegen Sie, aber ich hasse neue Mitarbeiter!" Mein Herz machte einen Freudensprung aus Liebe für sie, und ich wusste, sie wird einen ganz speziellen Platz darin einnehmen. Sie fing erst an, sich auf mich als „Betreuerin" einzulassen, als ich aufhörte, sie zur Veränderung bewegen zu wollen.

Gut vier Jahre sind meine Kollegen und ich nun mit ihr unterwegs. Wir haben gemeinsam sehr dunkle Täler durchschritten. Auch sie hat einen großen Drang, sich für andere einzusetzen und sich sozial zu engagieren. Wann immer man Hilfe brauchte, konnte man auf sie zählen. Aber irgendwann waren die Kräfte am Ende. Sie erkannte, dass sie ihrer Mutter nur helfen kann, wenn sie erst einmal sich selbst gut versorgt. Gespräche mit der Mutter waren notwendig, um ihre Zustimmung zum Auszug der Tochter zu erhalten. Dabei stellte ich fest, wie sehr Mutter und Tochter sich lieben. Jedoch war es ihnen aufgrund der Umstände nicht möglich, gewaltfrei unter einem Dach zu leben. Das Mädchen zog schließlich aus - und kam zur Ruhe. Dadurch brachen die alten Wunden auf. Sie konnte es kaum ertragen, zu hören, dass sie gemocht, geschweige denn geliebt wird. Aber sie hielt durch und vertraute darauf, dass Gott sie liebt. Gott stellte ihr immer Menschen an die Seite, die ihr zeigten, wie liebenswert sie ist. Der jüngste ist jetzt gerade einmal vier Monate alt - und ihr Sohn. Nun sagt sie selbst: „Ich glaub, dieses Kind macht mich heil." Heute ist die junge Frau zwanzig Jahre alt, sie ist verlobt und eine wunderbare Mutter. Sie überströmt ihr Baby mit Liebe. Wenn ich sie ansehe, geht mir das Herz über. Nächstenliebe heilt!

Am Ende bin ich die Beschenkte

Das sind nur zwei von so vielen Lebensgeschichten, an denen ich in den vergangenen sechs Jahren Anteil haben durfte. Dabei habe ich gelernt, wie viele Dimensionen hinter diesen einfachen sechs Worten stecken: „Liebe deinen Nächsten wie dich selbst."

Liebe - bedeutet Annahme. Den Menschen einfach so anzunehmen, wie er ist, samt seiner Geschichte. Liebe - bedeutet Aushalten. Aushalten, dass er oder sie Entscheidungen trifft, die ich ihm oder ihr nicht geraten hätte.

Liebe - bedeutet Annahme. Den Menschen einfach so anzunehmen, wie er ist, samt seiner Geschichte.

Liebe - bedeutet Dranbleiben. Egal, was passiert, immer an der Seite des anderen bleiben. Einfach da sein.

Dein Nächster - kann dieses liebe kleine Mädchen sein, dem was Schlimmes angetan wurde. Es kann aber auch diese Mutter sein, die regelmäßig trinkt und ihr Kind schlägt.

Dein Nächster - kann dein Chef sein, den du nicht ausstehen kannst. Aber du sollst ihn lieben.

So oft höre ich von Freunden, wie sehr sie mich und meine Kollegen um unsere Arbeit beneiden oder uns bewundern. Sie denken, dass ich so selbstlos sei. Ich sehe das aber ganz anders: Denn am Ende bin ich die Beschenkte. Gott beschenkt mich mit seiner Liebe durch die Menschen, die ich lieben darf.

Das Band, das zusammenhält

Der biblische Autor Paulus schreibt in einem Brief an eine Kirchengemeinde in der Stadt Kolossä (in der heutigen Türkei), was Christen tun und lassen sollten. Diese Gemeinde in Kolossä brauchte diese Praxistipps offensichtlich, ihnen fehlten wohl wesentliche Charakterzüge, die Paulus bei ihnen als Auserwählte Gottes sehen wollte. Das erinnert mich an mich selbst; denn auch wenn ich nun schon einige Jahre mit Gott unterwegs bin – ich habe noch so viel zu lernen. Vor allem, wenn es um mein Verhalten, um mein Tun und Lassen, geht. Paulus schreibt im Brief an die Kolosser, was alles nicht mehr zum Leben gehören sollte, wenn ich mit Gott unterwegs bin. Er listet unter anderem auf: unmoralisches Leben, Schamlosigkeit, Habgier, Zorn, Bosheit, Verleumdung, Lüge. Und er macht im Gegenzug klar, was sie – und ich – zu tun haben, und warum:

> *Da Gott euch erwählt hat, zu seinen Heiligen und Geliebten zu gehören, seid voll Mitleid und Erbarmen, Freundlichkeit, Demut, Sanftheit und Geduld. Seid nachsichtig mit den Fehlern der anderen und vergebt denen, die euch gekränkt haben. Vergesst nicht, dass der Herr euch ver-*

geben hat und dass ihr deshalb auch anderen vergeben müsst. Das Wichtigste aber ist die Liebe. Sie ist das Band, das uns alle in vollkommener Einheit verbindet.

Kolosser 3,12-14

Das ist Liebe: das Band, das uns zusammenhält. Und immer wieder wird betont: Die Liebe fängt mit Gott an, dass er mich liebt und ich seine Liebe erkenne und mit meiner Liebe antworte. Dann, wenn Gott mir die Hand füllt, bin ich in der Lage, selbst zu lieben. Dann regieren in meinem Leben Mitgefühl, Freundlichkeit, Bescheidenheit, Rücksichtnahme, Geduld und Vergebung. Liebe eben. Das alles leben zu wollen, ist meine Entscheidung. Dass es gelingt, ist Gottes Gnade: seine Entscheidung, mich zu lieben. Ob ich mich auf dieses Fundament stelle, ist wiederum meine Entscheidung. Diese Entscheidung bewirkt den Unterschied in meinem Leben. Übrigens egal, wie ich mich entscheide – ob für oder gegen die Liebe: Es bewirkt einen Unterschied.

Übrigens egal, wie ich mich entscheide – ob für oder gegen die Liebe: Es bewirkt einen Unterschied.

Bei aller Angst, die diese Zeit mir bringt, wegen allem Fremdem und Unsicherem, allem Populismus, gerade wegen der lauten Schreihälse in Politik und Gesellschaft will ich Liebe-voll rufen: Das Land der Dichter und Denker braucht viele Lichter und Schenker! Es braucht mich und Sie – Menschen, die die Liebe in die Welt tragen und sie und sich selbst der Angst in den Weg stellen. Auch der eigenen Angst.

Welchen Ängsten möchten Sie die Liebe gegenüberstellen?

Ich bin mir sicher, dass wir alle mutig und entschlossen und auf unsere ganz eigene Weise „Wir schaffen das!“ in die Welt rufen sollten. Darin zumindest erkenne ich das heilige Gebot, den Nächsten zu lieben. Gott selbst befähigt uns dazu. Wenn wir es wollen.

Ich wünsche mir, dass ich als Christ, dass wir als christliche Gesellschaft und dass wir als Kirche bedingungslos Liebe-voll werden. Dass wir Menschen helfen, egal, wo sie herkommen, und egal, warum sie da sind. Wer auch immer verletzt daliegt, hat einen Anspruch auf meine Hilfe. Das ist heiliges Gebot. Und zwar immer.

Liebe verwandelt

Ich bin dankbar, dass das Merkelsche „Wir schaffen das!“ uns die Chance gibt, der Welt zu zeigen, was es wirklich heißt, im christlichen Abendland zu leben: Wir lieben und leben eine besondere Willkommenskultur. Wir tun dies, weil wir Christus lieben.

Die Theologin und Autorin Christina Brudereck hat dafür treffende, auch lyrische Worte gefunden:

> *„Willkommen“ beschreibt eine Haltung und eine Erfahrung. [...] Für viele Dimensionen des Lebens bedeutend. „Willkommen“ meint eine grundsätzliche Haltung der Offenheit. „Willkommen“ hat keine Angst. Willkommen ist die Gegenbewegung zur Abschottung. Zur Ausgrenzung. „Willkommen“ teilt nicht ein in „Wir“ und „Die anderen“. [...] Jesus von Nazareth war die Inkarnation von Willkommen. Annahme in Person. Ein Mensch ganz aus Liebe. Aus Liebe ganz Mensch. [...] Wer „herzlich willkommen“ sagt, ist interessiert. Empathisch. Frei für eine neue Erfahrung. „Herzlich willkommen“ passt nicht zu Enge, Vorurteilen, Arroganz. Schürt keine Angst vor dem Fremden, sondern*

lädt es ein. Öffnet den Kreis. [...] Jesus war so zuvorkommend mit seiner Zuneigung, das war anziehend für so viele. Er wusste: Wir sehnen uns danach, geliebt zu werden. Wir sehnen uns danach, angenommen zu sein. Er wusste: Zu lieben, verleiht unserem Leben eine Größe wie nichts anderes. Christus lebte diese Haltung für uns.[20]

Es liegt an mir – und an Ihnen, was hindert Sie noch? –, diese Willkommenskultur zu leben.

Nicht nur mit Blick auf die große Weltgeschichte. Sondern auch mit Blick auf den neuen Nachbarn, auf den unliebsamen Kollegen, auf den Partner, der fremdgegangen ist; vielleicht sogar auf das nicht geplante Kind oder die Krankheit, die sich unverschämt in mein Leben geschlichen hat. Willkommen heißt auch immer, in Christus sicher zu sein und das eigene Leben in der Hoffnung auf die Herrlichkeit zu bestreiten. „Liebe verwandelt Fremde in Nächste", hat Christina Brudereck auch einmal gesagt. Was mir fremd ist, darf mir mit der Kraft der himmlischen Liebe ganz nahkommen. Aus Gottesliebe wird Nächstenliebe. Aus Fremden werden Nächste. Aus Fremdem wird Nahes.

Was mir fremd ist, darf mir mit der Kraft der himmlischen Liebe ganz nahkommen. Aus Gottesliebe wird Nächstenliebe. Aus Fremden werden Nächste. Aus Fremdem wird Nahes.

Deshalb will ich immer ein herzliches Willkommen auf den Lippen haben, mit den Worten von Christina Brudereck: *„Willkommen heißen – das bedeutet begrüßen, segnend einladen. [...] Willkommen, ihr anderen. Liebt die Fremden wie euch selbst. Heute: wie Christus. Heißt einander willkommen, wie Christus euch willkommen geheißen hat. Ich drehe den Satz für mich um: Weil Christus mich willkommen heißt, so will ich es auch tun."*[21]

Die anderen und ich

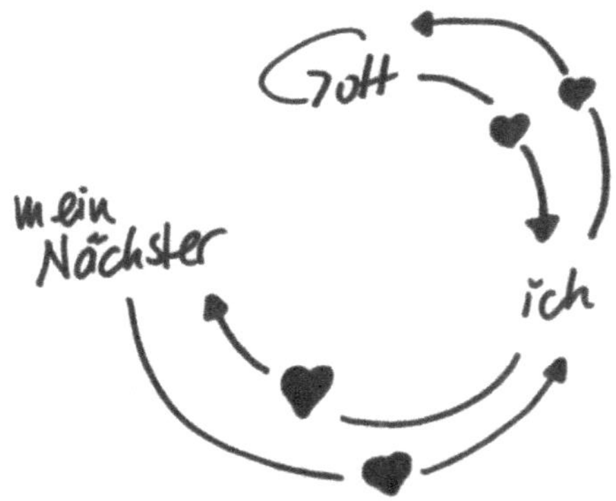

Und dann kommt das Zwischenmenschliche hinzu: Ich wünsche mir ja immer, dass mein Nächster mich auch liebt (und hier spreche ich weniger von erotischer Liebe). Wenn die Liebe Gottes ins Spiel kommt, steigen die Chancen dafür, davon bin ich überzeugt. Wie schön, wenn der Nächste mir sein Herz schenkt!

Im Januar 2012 saßen meine beste Freundin Esther und ich in der Küche meiner damaligen Hamburger Wohnung – und es gab diesen Moment, in dem wir wussten: Gott hat gesprochen. Folgendes hatten wir von ihm gehört: Geht nach München, gründet eine christliche Lebensgemeinschaft und baut ein großes Haus für viele Menschen.

Diesem Tag und dieser Ansage gingen Monate des Betens, Fragens und Erwartens vorweg. Esther und ich hatten beide eine unbändige Lust, anders zu leben, Neues zu wagen, Größeres und vor allem mehr mit Gott zu erleben. Wir lasen so oft, dass Gott Wunder tut, Unmögliches möglich macht und viele Menschen beschenkt. Das wollten wir auch erleben, viel mehr noch als bisher. Wir wollten Gottes Herrlichkeit sehen und aktiv in dieser Welt leuchten lassen. Und so startete leise, aber sehr intensiv ein Prozess, der an einem Januartag 2012 in einer Hamburger Wohnung diesen Meilenstein erlebte.

Wir wussten an diesem Nachmittag tatsächlich beide in unseren Herzen, dass Gott gesprochen hatte. Aber das war uns so unheimlich und unwirklich, dass wir uns anschließend viele Wochen Zeit nahmen, diese verrückte himmlische Ansage zu prüfen. Wir sprachen mit einigen Leuten, denen wir vertrauten und die uns kannten. Wir erzählten von unseren monatelangen Prozessen und diesem Januartag. Wir fragten viel, ob das möglich sein konnte, dass Gott uns einen derartigen Auftrag, eine derartige Vision anvertraute.

Wir wussten an diesem Nachmittag tatsächlich beide in unseren Herzen, dass Gott gesprochen hatte.

Einige Wochen später war uns klar, dass wir konkrete Schritte gehen dürften. Wir reisten für eine Woche nach München, trafen ganz unterschiedliche Menschen, Freunde, Kirchenleute und so weiter; wir erzählten von dieser Vision, hörten uns Meinungen und Eindrücke an und beteten viel, während wir durch die Straßen Münchens liefen.

Esther und ich merkten, wie sehr die Begeisterung für diese Vision wuchs. Unser Herz für das Leben in liebevoller Gemeinschaft mit anderen schlug immer kräftiger. Denn darum ging es uns: Wir wollten unser Leben teilen – und zwar mehr als sonntagmorgens im Gottesdienst und mittwochabends im Hauskreis. Wir wollten mehr Gemeinschaft. Wir wollten mehr heiliges Leben.

Der Psychotherapeut Lawrence J. Crabb beschreibt diesen Herzschlag in seinem Buch *Connecting: Das Heilungspotential der Gemeinschaft* treffend:

Die Vorstellung ist folgende: Wenn zwei Menschen einander begegnen, sich einander wirklich öffnen – vergleichbar mit dem Einswerden beim Geschlechtsverkehr –, dann strömt etwas aus dem einen in den anderen hinein, das eine zutiefst heilende Kraft besitzt. Der Empfangende erlebt eine tiefe Freude über sein geheilt Werden. Und der Gebende freut sich noch mehr, weil er dem anderen helfen konnte, heil zu werden. Im Herzen jedes an Christus Glaubenden wohnt etwas Gutes, das stärker ist als alles Böse. Es ist da und wartet nur darauf, Raum zu gewinnen, um seine Kraft und seine Wunder zu entfalten.[22]

Was Crabb hier schreibt, ist unsere Vision: Wir möchten in Gottes Namen einen Ort schaffen, an dem Menschen ihr Leben teilen – ihre Sorgen, Nöte, Ängste, Freuden und Ressourcen; einen Ort, an dem die Liebe gelebt und das Leben geliebt wird; einen Ort, an dem Menschen aufblühen, Früchte tragen und heil werden; einen Ort, an dem das himmlische Leben an Gottes Seite Raum gewinnt und Kraft und Wunder entfaltet.

Gemeinschaft: Dafür sind wir geschaffen

Seit dem Sommer 2012 sind Esther und ich in München, wir teilen uns seitdem nicht mehr nur das Auto, sondern auch die Wohnung – und unser ganzes Leben. Wir sind längst nicht mehr nur zu zweit, zur Gemeinschaft SegensReich gehören mittlerweile auch andere (mehr dazu später). Wir wohnen zwar noch nicht alle unter einem Dach, aber wir sind gemeinsam unterwegs, die Vision vom großen Haus umzusetzen. Und solange wir auf das Haus warten, leben wir schon diese Gemeinschaft, die Gott uns aufs Herz gelegt hat.

„*Es ist nicht gut, dass der Mensch allein sei*", steht ganz am Anfang in der Bibel (vgl. 1. Mose 2,18a; LUT). Es geht also um die anderen und mich. Jeder Mensch wünscht sich – und braucht! – ein Gegenüber. Andere, mit denen er oder sie sein oder ihr Leben teilt. Und viel besser ist, wenn das nicht nur eine Person ist, sondern eine kleine Truppe von Menschen, mit denen ich unterwegs bin in tief verbundener Gemeinschaft. Wir brauchen einander. Wir brauchen den Nächsten.

Das Gebot Gottes, den Nächsten zu lieben, findet im gemeinschaftlichen Leben einen besonders schönen Ausdruck. Für Gemeinschaft sind wir geschaffen, sagt Gott. Das bestätigt auch Lawrence J. Crabb, wenn er sagt, dass das tiefste Sehnen jedes Menschen dahin gehe, eine Person zu haben, die sich an uns freut (und zwar ohne Vorbehalte) und die uns mit ihren Stärken und Eigenschaften gern von ganzem Herzen ergänzt. Diese Person sollte uns darin unterstützen, Gutes, das wir selbst bekommen haben, an andere weiterzugeben. Laut Crabb ist es ganz natürlich, gehört es zu unserer Würde und macht uns als Ebenbilder Gottes aus, dass wir uns eine enge Beziehung zu anderen Menschen wünschen.[23]

SegensReiches Leben

Die Gemeinschaft, in der Esther und ich nun leben, haben wir SegensReich[24] genannt. Segen ist ein großes Wort. Es ist ein wunderbares Wort, in dem so viel drinsteckt! Göttliche Gnade, gewünschtes Glück, Wohltat, reicher Ertrag, Leben in Fülle – das ist segensreich. Wir sind überzeugt, dass Gott segnet – und zwar jeden Menschen, der bereit ist, zu empfangen. Und wie behalte ich einen Segen? Indem ich ihn weitergebe. Das ist heute unser Leben. Es findet mehr im Plural statt als im Singular. Das Wir steht im Vordergrund, weil wir wissen und erleben: Die

Das ist heute unser Leben. Es findet mehr im Plural statt als im Singular. Das Wir steht im Vordergrund, weil wir wissen und erleben: Die anderen und ich, wir brauchen einander zum Leben.

anderen und ich, wir brauchen einander zum Leben. Hier geht es um Nächstenliebe, die sich in konkreter Lebenshilfe und in einem lebendigen Lebensstil manifestiert. Das ist so viel mehr als Wohngemeinschaft. Das ist Lebensgemeinschaft. Wir im SegensReich, wir sind Lebensgefährten im besten Sinn dieses Wortes. Und wir erleben immer mehr, wie segensreich diese Art zu leben ist.

Ich bin froh über jede Kirche und jede Gemeinschaft, die es auf dieser Welt gibt. Sie alle tragen dazu bei, dass Gottes Name in dieser Welt groß gemacht wird. Aber ich weiß, dass wir Menschen im großen Ganzen oftmals unterzugehen drohen. Wir brauchen kleine Gemeinschaften, die uns durchs Leben begleiten. Der Hirnforscher Gerald Hüther nennt sie in seinem 2015 erschienenen Buch *Etwas mehr Hirn, bitte* recht sperrig und doch so treffend „Potenzialentfaltungsgemeinschaften“:

> *Beim Schreiben ist mir nun endlich klar geworden, was Menschen brauchen, damit sie den Mut finden, sich selbst auf den Weg zu machen, um all das, was in ihnen an Potenzial verborgen ist, schrittweise entfalten zu können: Sie brauchen dazu andere Menschen, und zwar in Form kleiner Gemeinschaften, entweder zu Hause, in der Nachbarschaft oder an ihren Ausbildungs- und Arbeitsstätten. Und das müssten Gemeinschaften sein, deren Mitglieder einander einladen, ermutigen und inspirieren, noch einen Schritt weiter zu gehen, noch einmal etwas Neues auszuprobieren und über sich hinauszuwachsen, die sich gegenseitig dabei helfen, ihre Lust am eigenen Denken und ihre Freude am gemeinsamen Gestalten wiederzuentdecken.*[25]

Meine Antwort, wie die Beziehungen von Menschen beschaffen sein müssen, ist im Kern klar: Sie müssen Liebe-voll sein. Wie das praktisch, im tagtäglichen Leben, aussehen kann, das finden wir seit einigen Jahren in der Gemeinschaft Segens-Reich heraus. Und wir sind nicht die Einzigen und vor allem nicht die Ersten, die sich auf die Suche gemacht haben.

Autor: Thomas Widmer-Huber
Jahrgang: 1965
Beruf/Tätigkeit: Spitalpfarrer Psychiatrische Klinik Sonnenhalde Riehen bei Basel/CH, Leitung Gemeinschaftshaus Moosrain-Riehen und Fachstelle Gemeinschaftliches Leben, Politik
Leidenschaften: nach Gottes Reich suchen, am Klavier Anbetungszeiten leiten, zusammen mit meiner Frau und/oder anderen Mitstreitern Ideen umsetzen und etwas gründen, mit meiner Frau und unseren drei Kindern auf Reisen die Welt erkunden

Eine Hausgemeinschaft, die bereichert und fördert

Mit ganz unterschiedlichen Menschen als Hausgemeinschaft unterwegs zu sein, erlebe ich seit über fünfundzwanzig Jahren als wertvoll. Die anderen bereichern mein Leben und fördern mich bei meiner Liebe zu Gott, zum Nächsten und zu mir selber.

In meiner Liebe zu Gott

Zu den geistlichen Höhepunkten gehört für mich das „Geburtstagsgebet" im Rahmen der von meiner Frau und mir geleiteten Gemeinschaft „Ensemble" im Moosrain.[26] Die anderen beten für mich, ich darf einfach (vor Gott) sein und empfangen. Die Mitglieder der Gemeinschaft nehmen sich eine gute halbe Stunde Zeit. Sie hören auf Gott und teilen mir mit, was sie für mich empfangen: biblische Worte, biblisch geprägte Zusagen, innere Bilder, ein Lied, ein Stichwort oder einen Eindruck. Jemand schreibt alles genau auf – und ich erhalte ein oder zwei A4-Seiten, vollgepackt mit geistlicher Nahrung. Und im Sinne von 1. Thessalonicher 5,21 werde ich aufgefordert, alles zu prüfen und nur das Gute zu behalten. Wie bin ich da schon beschenkt worden!

Ebenso die regelmäßigen Zeiten des persönlichen Austausches, des Teilens von Freud und Leid und das anschließende Gebet füreinander fördern mich, in meiner Dankbarkeit und Liebe zu Gott zu wachsen. Auch wenn Anbetung mehr umfasst als das Singen von Lobliedern: Ich setze mich immer wieder ans Klavier und leite Zeiten der Anbetung Gottes, auch an unseren öffentlichen Hausgottesdiensten am Freitagabend. Ich erlebe, wie Gott im Alltag des gemeinschaftlichen Lebens vielfältig wirkt und in Gebetszeiten und Hausgottesdiensten die Teilnehmenden tief gehend beschenkt. Solche Erfahrungen berühren mein Herz und bestärken meine Liebe zu Gott.

In meiner Liebe zum Nächsten

In der Lebensgemeinschaft Moosrain, dem Kern des Gemeinschaftshauses, ermutigen wir einander, gemeinsam voranzugehen und zu beten, dass Gottes Reich kommt und zeichenhaft ganz konkret sichtbar wird. Bezüglich meiner Liebe zum Nächsten erlebe ich, wie die anderen mir helfen, herauszufinden, was es wirklich bedeutet, Liebe zu leben.

Zusammen sind wir stark, werden innovativ und bewegen Dinge, die einer allein nicht tun könnte. Diese Erfahrung mache ich auch, wenn es schwierig wird. In den Leitlinien des Gemeinschaftshauses Moosrain heißt es unter anderem: *„Auf der Basis des Wortes von Jesus, dass die Jünger daran erkannt werden, wenn sie der Liebe Raum geben (Johannes 13,35), üben wir uns, dass auch im Konflikt* *die Liebe sichtbar wird."* Mit dem „Üben" bringen wir zum Ausdruck, dass Liebe nicht selbstverständlich ist und dass wir den Weg suchen müssen. Was heißt das konkret? Bei heiklen Situationen habe ich immer wieder erlebt, dass jemand *anderes* die zündende Idee hatte, auf welche Weise ich einen Konflikt angehen soll. Gottes Geist hat jemandem einen Gedanken eingegeben – und mich damit beflügelt.

In meiner Liebe zu mir selbst

Die anderen in der Gemeinschaft ermutigen mich, auch für mich selbst Sorge zu tragen und mir immer wieder etwas Gutes zu tun. Zum Geburtstag erhielt ich einmal eine große Tasse mit der Aufschrift „Mach mal Pause!", zu Weihnachten eine Karte mit dem Titel „Einfach mal abhängen und nix tun ...". Wenn ich in Urlaub fahre, sind andere bereit, meine Aufgaben in der Zwischenzeit zu übernehmen – und sie beten, dass ich eine richtig gute Zeit habe, die mich aufbaut. Und wenn beim Abendessen jemand erzählt, er sei beim Arzt gewesen, werde ich sanft daran erinnert, dass ich meinen Zahnarzt anrufen sollte, um einen Kontrolltermin zu vereinbaren. Dabei lasse ich mir sagen, dass ich mich nicht nur um andere kümmern soll, sondern auch um meine Gesundheit. Und wenn andere von ihrer Fort- oder Weiterbildung erzählen, überlege ich mir, auf welche Art und Weise ich mich für meine persönliche und berufliche Entwicklung fördern lassen will – oder ob ich zurzeit gelassen darauf verzichten will.

„Miteinanders"

Als Mensch wünsche ich mir immer auch, dass andere mich zurücklieben. Dass ich ein Miteinander erlebe – und dass dieses funktioniert. Hier lauern eine Menge Herausforderungen, die es zu bewältigen gilt. Nach einigen Jahren als Teil einer Gemeinschaft weiß ich zutiefst: Diese Arbeit lohnt sich!

2016 war das Thema des Gemeindeferienfestivals Spring[27] „Miteinanders". Eine tolle Wortschöpfung, wie ich finde, die beschreibt: Miteinander heißt auch immer, dass der andere so anders ist. Das ist spannend, das trägt Spannung in sich! Und trotzdem kann es funktionieren. Wenn Spannung im Spiel ist, gibt es entweder einen Kurzschluss oder es geht das Licht an. Allein unterwegs sein ist vermeintlich einfach, aber sicher nicht immer nur schön. Das erlebe ich mit vielen Singles (und selbst als Single), die sich so einsam und allein fühlen und das Gefühl nicht loswerden, dass sie alles allein machen, alles allein schaffen müssen. Das ist manchmal schön, oft aber einfach auch nur sehr schwer – und dafür sind wir auch gar nicht geschaffen. Der Single meint dann, dass mit der Traumpartnerin oder dem Traumpartner alles schöner und einfacher würde. Natürlich muss man dann nicht mehr alles allein machen und entscheiden. Tatsächlich ist es aber so: Sobald andere ins Spiel kommen, wird nicht alles nur leichter und schöner. Wie sagte mir mal jemand, der gerade in einer Beziehung angekommen war: „Es ist jetzt nur anders herausfordernd." Wenn andere in mein Leben kommen, dann wird es anders; dann kommen Persönlichkeiten und Prägungen dazu. Eine Vielfalt, die zum Miteinander werden will. Und das zu schaffen, ist Arbeit. Manchmal sehr harte, langwierige Arbeit. Aber, ich sage es noch einmal: Die lohnt sich! Statt Kurzschlüssen geht das Licht an, wenn ich will.

Miteinander heißt auch immer, dass der andere so anders ist.

In ihrer Predigt zur Eröffnung des Miteinanders-Spring 2016 hat Christina Brudereck für mich sehr (be)merkenswerte Worte gesagt. Sie zitierte den Apostel Paulus aus seinem Brief an die Galater: *„Hier gibt es keinen Unterschied mehr zwischen Juden und Griechen, zwischen Sklaven und freien Menschen, zwischen Mann und Frau. Denn durch eure Verbindung mit Jesus Christus seid ihr alle zusammen ein neuer Mensch geworden*“ (Galater 3,28; NGÜ) und, wie es etwas später im Brief heißt: *„Tragt einander!*“ (Galater 6,2; eigene Übersetzung von Christina Brudereck). Danach erklärte sie:

> *Tragen. Tolerare. Unser MITEINANDER braucht wahrhaftig Toleranz. Das meint nicht Beliebigkeit. Oder Gleichgültigkeit. Tolerare meint „Tragen“. Tolerant ist ein Mensch, der andere trägt. Auch erträgt. Obwohl er anders ist. Oder sogar, weil er anders ist. […] Mein Vertrauen in Jesus, den Christus, sagt mir: Die andere Person ist geliebt. Ganz und bedingungslos. So wie ich. Und mehr als das: Sie ist eine Quelle. Inspiration. Eine Chance, zu lernen. Gott zu entdecken. Vielfalt ist keine Bedrohung. Vielfalt ist Reichtum.*

Da ist sie wieder, die Liebe. Und auch die Nächstenliebe. Die nur funktionieren kann, wenn die Grundeinstellung bei mir selbst stimmt: dass ich weiß, dass der andere geliebt ist. Von Gott. Dass ich weiß, dass ich selbst geliebt bin. Von Gott. Beides bedingungslos.

Haben Sie diese Grundeinstellung? Oder sollten Sie bei sich noch etwas an den Knöpfen drehen – oder drehen lassen? Hören Sie diesen Grundton in Ihrem Leben: „Du bist geliebt!“? Auf den können Sie selbst dann die Akkorde Ihres eigenen Lebens aufbauen, vor allem diesen: „Der andere ist auch geliebt, und zwar von mir!“

Heißt einander willkommen

Miteinander ist nicht immer nur einfach. Miteinander heißt, dass mindestens zwei Menschen gemeinsam unterwegs sind, für eine kurze Etappe, für eine längere Reise oder fürs ganze Leben. Miteinander heißt meistens, dass Charaktere aufeinanderprallen und Prägungen zum Vorschein kommen. Nicht immer nur die, die helfen, sondern oft auch die, die wir selbst schon nicht gut ertragen können – und jetzt sollen andere sie ertragen und mittragen. Es ist nicht schwer, mit Menschen das Leben zu teilen, mit denen ich eh gut klarkomme. Aber wie kann das mit mir und den anderen funktionieren, wenn wir alle so kompliziert sind? „Heißt einander willkommen", sagt Christina Brudereck.

> *Das ist ein Geschenk des Glaubens, eine große Entlastung: Wir müssen nicht Gott sein. Nicht vollkommen. Nicht ewig. Nicht unendlich. Nicht ewig unterhaltsam. Entscheidungsfreudig. Verantwortungsbewusst. Nicht ewig verständnisvoll, visionär, liebevoll, inspirierend. Nicht ohne Ende geduldig. Aufopfernd. Nicht vollkommen. „Nehmt einander an" heißt ja: Wir wissen und geben es zu: Ja, da gibt es einiges, das wir ertragen müssen. Tolerare. Stellt euch mal vor, da stünde: „Findet einander immer toll!" Wie furchtbar wäre das. „Heißt einander willkommen" sagt der Christus, der uns willkommen heißt. Ertragt einander, sagt uns der Eine, der uns trägt. Wir müssen nicht alles tragen. Sich das gemeinsam einzugestehen, ist ein Geschenk, ist Freiheit. Nicht billig „Ich bin eben so", sondern: „Ich tue, was ich kann – aber ich kann nicht alles."*[28]

Christina Brudereck bringt es auf den Punkt: Toleranz heißt tragen und ertragen. Unser Glaube, Jesus Christus selbst gibt uns die Kraft dafür. Er lebt es vor, wir machen es mit seiner

Hilfe nach. Das klappt immer besser, je länger man übt. So erlebe ich es. Nach einigen Jahren in Gemeinschaft habe ich so manche Schlacht geschlagen, so manches Schneckenhaus bewohnt – und mehr oder weniger mutig und motiviert wieder verlassen. Wir streiten uns, denn wir sind im SegensReich auch so unterschiedlich, haben nicht nur verschiedene Persönlichkeiten und Prägungen, sondern auch ganz unterschiedliche Lebensrhythmen und Einstellungen, wie die Dinge sein sollten oder wie wir sie schon immer machen. Das Miteinander ist immer wieder anders, immer wieder eine Herausforderung. Wir gestehen uns die Unterschiedlichkeiten zu und bemühen uns, an den entscheidenden Stellen den gleichen – oder einen ganz neuen gemeinsamen! – Nenner zu finden. Das gelingt immer besser, je länger wir miteinander unterwegs sind.

Toleranz heißt tragen und ertragen.

Wenn Sie verheiratet sind, werden Sie ahnen können, wovon ich spreche. Denn die Ehe ist auch eine Gemeinschaft, eine wunderbare Idee Gottes. Mir als Noch-Single wird mittlerweile häufig gesagt, ich lebte ja in einer eheähnlichen Beziehung. Das stimmt in einer gewissen Art, und doch auch überhaupt nicht, weil die Ehe immer noch was ganz anderes, Besonderes ist. Ich lebe einfach in Gemeinschaft, so, wie Gott es sich für mich gedacht hat. Gemeinschaft ist nicht an die Ehe gebunden. Wie furchtbar wäre das! Dann hätte ich als Alleinstehende ja schlechte Karten. Alleinstehend muss nicht heißen: Ich stehe allein da. Ich stehe in einer Gemeinschaft, die mich trägt. Und erträgt. Auch als Ehefrau würde ich in dieser Gemeinschaft stehen bleiben wollen. „Es braucht ein ganzes Dorf, um ein Kind großzuziehen", heißt es in Afrika. Ich glaube, dass es auch ein ganzes Dorf braucht, um eine Ehe zu gestalten – und schlicht: um zu leben.

Gemeinschaft ist es, was uns so fehlt – das weiß auch der Psychotherapeut Crabb: *„Was unsere moderne Gesellschaft am* *meisten braucht, sind Gemeinschaften – echte Gemeinschaften, wo Gott zu Hause ist, wo die Demütigen und Weisen lernen, denen, die ihnen folgen, den Weg zu zeigen, wo Menschen mit Problemen sich anderen anvertrauen können.*"[29]

Wir im SegensReich brauchen nichts allein durchmachen. Keine Entscheidung einsam treffen, die kleinen und großen Fragen des Lebens nicht fern jeder Einschätzung von außen bewegen. Im SegensReich heißen wir einander willkommen im Leben. Wir haben uns das Mandat gegeben, uns reinreden zu dürfen. Wir sagen einander, was gut war und was nicht. Wie wir die Dinge sehen. Wir helfen einander, unser Potenzial zu entfalten. Denn in jedem Menschen liegen Talente, die in dieser Welt glänzen wollen. Das geht nur gemeinsam mit anderen.

Dass das der Hirnforscher Gerald Hüther nach einem halbjährigen Sabbatjahr genauso resümiert, finde ich bemerkenswert. Sein Buch, das die Essenz dieser sechs Monate des Nachdenkens über das Zusammenleben der Menschen darstellt, beginnt mit vielen Seiten über hirnphysiologische Fakten. Wie das in unserem Oberstübchen alles funktioniert und unser Sein bestimmt. Und dann schreibt er doch am Ende tatsächlich:

> *Niemand kann seine Potenziale allein entfalten. Jeder Mensch braucht dazu immer die Beziehung zu anderen. Aber die in diesen Beziehungen gemachten Erfahrungen können auch so entmutigend sein, dass die Lust am eigenen Denken und am gemeinsamen Gestalten zwangsläufig verloren geht. Aus diesem Grund lohnt es sich, darüber nachzudenken, wie die Beziehungen von Menschen beschaffen sein müssten, damit dieser entscheidende Treibstoff für die Entfaltung der in jedem Einzelnen angelegten Potenziale nicht versiegt.*[30]

Hüther ist das Thema Potenzialentfaltung so wichtig, dass er dafür eine Akademie gegründet hat. Gemeinsam mit vielen anderen hat er sich auf den Weg gemacht, über die Beziehungen von Menschen nachzudenken. Auf der Website der Akademie gibt er dann selbst eine Antwort auf seine Frage – und die bewegt mich sehr: „*Die Liebe bewahrt offenbar die Kraft in sich, ungünstige Beziehungserfahrungen zu transformieren und versiegte Quellen der Kreativität neu zu erschließen.*“[31] Da ist sie wieder, die Liebe!

Gemeinschaft kann heilen

Ich habe ihn schon manches Mal zitiert – aber kennen Sie seine Geschichte? Lawrence J. Crabb ist US-amerikanischer Psychologe. Auch Professor. Biblisch-therapeutische Seelsorge nach allen Regeln der christlichen medizinischen Therapeutenkunst ist ihm wichtig. Aber irgendwann einmal entdeckte er, dass es bei jeder Art von psychischer Störung neben der klassischen schulmedizinischen Therapie noch auf etwas anderes ankommt. Diese Erkenntnis kostete ihn fast seine wissenschaftliche Karriere:

> *Nehmen wir einmal an, viele der Probleme, die wir als Symptome einer psychischen Störung deuten, seien in Tat und Wahrheit Hinweise auf eine beziehungslose Seele. […] – Dann ist connecting gefragt, Anschluss an eine Quelle des Lebens, und keine fachliche Behandlung. Aber wir wissen nicht, was es heißt, mit einem anderen Menschen so eng verbunden zu sein, dass das Leben aus dem einen heraus in den anderen hinein strömt.*[32]

Larry Crabb beschreibt in seinem Buch *Connecting. Das Heilungspotential der Gemeinschaft. Ein radikal neuer Ansatz*, die

Kraftquellen Gottes zu entdecken auf bemerkenswerte Weise, was dies heißt: mit einem Menschen so tief verbunden zu sein, dass zwischen diesen zwei Personen das Leben strömt. Nächstenliebe so intensiv zu leben, dass sie Heilung begünstigt – oder gar bringt. Ob es sein Sohn ist oder ein Patient: Crabb erlebt, dass Gemeinschaft heilen kann. Und dass er als Therapeut gar nicht immer nur medizinisch-fachliche Gespräche führen braucht, sondern sich auch einfach einmal mit einem Patienten auf eine Picknickdecke setzen und freundschaftlich quatschen darf. Und dass das hilft.

Im SegensReich erleben wir – auch ohne, dass wir schon unter einem Dach wohnen und leben –, wie diese Gemeinschaft uns hilft, und zwar uns allen. Als ich vor einigen Jahren die größte Krise meines Lebens hatte (heute weiß ich, dass es eine Form von Depression gewesen sein muss), hat mich die SegensReich-Gemeinschaft getragen – und ertragen. Ich war damals keine angenehme und auch keine einfache Zeitgenossin. Im Gegenteil. Das muss sehr, sehr anstrengend gewesen sein mit mir. Aber sie haben mich nicht gelassen. Haben mich stattdessen rechts und links untergehakt und mitgeschleift, vor allem vor den Thron Gottes. So lange – und das waren Monate –, bis ich diesen Weg wieder allein schaffen konnte. Meine Gemeinschaft hat maßgeblich dazu beigetragen, dass ich diese Krise bewältigen konnte. Als ich gefühlt tot war, innerlich total leer, ist durch die Gemeinschaft das Leben anderer in mich hineingeflossen. Und das Leben Gottes:

> *Die Kraft dazu liegt im connecting, in jener tiefen Gemeinschaft, bei der die echtesten Regungen unserer eigenen Seele überströmen in die Leere im Herzen eines anderen und dort einen Widerhall finden, wo also Leben von uns in einen anderen überströmt. Wo das geschieht, da ist der Gebende reicher als vorher, und der Empfangende verliert seine Angst und sucht unter Umständen*

sogar mit neuem Eifer nach mehr und tieferer Gemeinschaft. Echte Veränderung wird nicht so sehr durch gute Ratschläge ausgelöst, obwohl Beratung und Ermahnung eine wichtige Rolle spielen; auch nicht durch neue Einsichten, obwohl Selbsterkenntnis, die aus der Selbstgefälligkeit aufrüttelt und zu neuem Verständnis führt, wichtig ist. Sie geschieht vor allem durch connecting, wenn zwei Menschen einander teilhaben lassen an ihrem Leben.[33]

Welche ist die Gemeinschaft, die Sie trägt und erträgt und durchträgt? Nicht nur in Krisenzeiten, sondern tagtäglich? Was macht diese Gemeinschaft aus? Und wie genau hilft sie Ihnen, Ihre Potenziale zu entfalten?

Wenn Menschen einander teilhaben lassen an ihrem Leben, dann ist das Liebesgebot erfüllt. „Liebe deinen Nächsten" heißt eben auch: Trage deinen Nächsten, ertrage deinen Nächsten, beschenke deinen Nächsten mit Leben, mit göttlichem Leben, und segne deinen Nächsten.

Wenn Menschen einander teilhaben lassen an ihrem Leben, dann ist das Liebesgebot erfüllt.

Autorin: Irene Widmer
Jahrgang: 1966
Beruf/Tätigkeit: Gemeindediakonin, Co-Leitung Gemeinschaftshaus Moosrain und Fachstelle Gemeinschaftliches Leben, Riehen/CH
Leidenschaften: in Gemeinschaft leben, zu Fuß eine schöne Landschaft genießen, freie Tage am Schwarzsee

Wie ich lieben lerne

Gemeinschaftshaus Moosrain. Ein Dienstagmorgen im Advent. Ich stehe in der Wohnung meiner lieben Lebensgemeinschaftsfreundin und freue mich auf einen Kaffee. Die Tür öffnet sich und eine junge Afrikanerin kommt herein. „Jana, das ist Irene", werde ich vorgestellt - und ich schiebe auf Englisch eine kurze Erklärung meiner Funktion im Haus hinterher, wohlwissend, dass unser Neuankömmling kaum Deutsch versteht. „Oh Hilfe, ihr geht es nicht gut", schießt es mir durch den Kopf oder vielmehr durchs Herz, als ich die ausgestreckte Hand der Frau ergreife, die mit geneigtem Kopf und einem leichten Knicks - jeden Augenkontakt vermeidend - meinen Gruß erwidert. Sie verschwindet im Badezimmer, ich setze mich an den Stubentisch, schlürfe etwas benommen meinen Kaffee und spüre ein tiefes Erbarmen in mir hochsteigen.

Flüchtlingselend.

Am Nachmittag lande ich unverhofft wieder in der Wohnung meiner Freundin, in der Vorweihnachtszeit gibt es doch einiges zu tun. In der Stube sitzt Jana und strickt. Sie hätten eben nochmals von vorne beginnen müssen, es sei mit der Maschenanzahl nicht aufgegangen, wird mir erklärt. Da sitzt sie nun also, meine Flüchtlingsfrau vom Morgen, auf dem Sofa meiner mütterlichen Freundin, bestens aufgehoben an einem warmen, sicheren Ort, stolz auf ihre eben erlernte Fertigkeit und schenkt mir ein scheues Lächeln. Zu meinem Erbarmen vom Morgen gesellt sich eine stille Freude und Zuversicht. Vielleicht wird ja doch noch alles gut über diesem geschüttelten Leben. Leise Hoffnung keimt in mir – mehr, als die friedvolle adventliche Stimmung so rein rational hergeben würde, und ich entschließe mich, mich endlich ans Schreiben von „Tinas Buchartikel" zu machen. Das eben Erlebte erklärt besser als alle Theorien, was es heißt, in Gemeinschaft zu leben, und wie von selbst beginne ich, über die „anderen und ich" nachzudenken.

Da war anderes von mir gefordert: ein Herz, das zum Hinhören bereit war, eine Jesus-Haltung, aus der Wertschätzung und Freundlichkeit zu lesen waren, ein Warten auf Gottes Weisung, was denn am besten zu tun sei.

Dass das Ich am Du sich bildet, wissen wir seit Martin Buber.

Dass Babys nur dann gesund gedeihen können, wenn sie in Interaktion mit einer Bezugsperson stehen, und kümmerlich zugrunde gehen, wenn sie ohne jede Beziehungsaufnahme gefüttert werden, beweisen grausame Versuche aus der Vergangenheit.

Mich fasziniert Literatur über intuitive Kommunikation oder über Spiegelneurone – und die immer mal wieder ernüchternde und auch irritierende Feststellung, dass Kommunikation nur zu einem bescheidenen Anteil aus Worten besteht. Die junge Flüchtlingsfrau hat mich einmal mehr in meiner alltäglichen Erfahrung bestärkt: Mein Gegenüber macht mehr mit mir, als ich auf Anhieb denke. Dank ihr empfand ich Mitgefühl, Liebe, Barmherzigkeit. Dank ihr begann ich zu beten: für sie, für das

Flüchtlingselend, für Heil und Heilung, für einen weihnachtlichen „Frieden auf Erden". Eine Diskussion um die richtige Nutzung unserer Waschmaschine erschien mir daneben plötzlich nichtig und klein, obwohl auch diese einiges für diese Zeilen hergegeben hätte. Da war anderes von mir gefordert: ein Herz, das zum Hinhören bereit war, eine Jesus-Haltung, aus der Wertschätzung und Freundlichkeit zu lesen waren, ein Warten auf Gottes Weisung, was denn am besten zu tun sei. Denn schließlich ging es nicht einfach um die Waschmaschine, sondern um die Gestaltung einer Beziehung zu einer Hausbewohnerin, die mir wichtig und wertvoll ist.

Unter dem weiten Dach des Gemeinschaftshauses, mitten unter Menschen, die Gott zusammengestellt hat, wird „mein Ich am Du" im Alltag geformt. Im Miteinander im gemeinschaftlichen Wohnen vergeht wohl kein Tag ohne Begegnung, an der ich nicht wachsen und reifen könnte. Manchmal sind es besonders bewegende Momente, tiefe Gespräche, geteiltes Leid, Einblick in weit offene Herzen. Viel häufiger aber sind es die unscheinbaren Begegnungen „am Wegrand", die mich, kaum wahrnehmbar, prägen und verändern. Vielleicht haben wir in einer lauten, schrillen Welt manchmal den Blick dafür verloren? „Man sieht nur mit dem Herzen gut, das Wesentliche ist für die Augen unsichtbar", meint der kleine Fuchs in Saint-Exupérys *kleinem Prinzen*. Was wäre gewesen, hätte ich unserer Flüchtlingsfrau diesen kurzen Moment meiner ungeteilten Präsenz nicht geschenkt? Abgesehen vom unwiderstehlichen Kaffeeduft, der mir in die Nase stieg, war ich doch ungeteilt bei ihr. Und obwohl sich in meiner Erinnerung schon bald vieles verwischen wird: Was sie in meinem Herzen bewegte, das wird bleiben.

Für mich rankt sich bis heute ein zartes Geheimnis

um dieses „Die-anderen-und-ich", um das Geheimnis von Begegnung und Beziehung, vom Menschsein und Menschlich-Werden. Was wirklich zählt, begibt sich oft einfach: Menschen treffen sich, und es geschieht „etwas" – manchmal so offensichtlich und nachhaltig, dass wir darüber nachdenken und erzählen oder Wesentliches sich auf einen Schlag verändert. Manchmal bewegt sich etwas leise und unsichtbar, gleich einem zarten Wind, der eine Spur in unsere Herzen legt.

Im Laufe meines Lebens in Gemeinschaft habe ich mich auf diese Spurensuche begeben. Es wurde mir zum frohen Wagnis, einzutauchen in eine Vielfalt von Begegnungen, die mich prägen werden. Ich werde nie mehr dieselbe sein. Was schon beinahe risikohaft klingen mag, ist mir lieb gewordene Herausforderung. Ja, ich will wachsen. Selbst dann, wenn es einmal wehtut. Ich will mich öffnen für das Geheimnis des Menschseins, mich einlassen auf Begegnungen – auf gute wie schwierige, tiefe wie vordergründig oberflächliche. Ich glaube daran, dass in diesem Einlassen und Dasein ein guter Töpfer mich formt und mich zu dem Menschen macht, wie *er* ihn sich gedacht hat. Ich tauche ein in diesen fortlaufenden Wachstumsprozess und verbinde mich dadurch mit dem, was um mich ist. Ich lasse mich ein und wage das Leben in Gemeinschaft: Vielleicht gewinnt wirklich der, der wagt? Manchmal frage ich mich, ob hier ein Schlüssel liegt, auch den einsamen Tag innerlich getragen zu bestehen.

Oft genug sind es eben diese kleinen Geschichten eines ganz normalen Gemeinschaftstages, die mich vor das Angesicht Gottes tragen.

Vielleicht ist mein Glaube in den vergangenen Jahren innerlicher, stiller, schlichter geworden. Es müssen nicht immer mitreißende Gottesdienste sein, die mich beflügeln und meinen Glauben stärken. Oft genug sind es eben diese kleinen Geschichten eines ganz normalen Gemeinschaftstages, die mich vor das Angesicht Gottes tragen - in der Begegnung mit dem Nächsten erprobt sich meine Liebe zum Vater, wächst sein Erbarmen in mir, verinnerliche ich seine Vergebungsbereitschaft, kämpfe und leide ich an Jesu Seite, entdecke ich Christi Auferstehungshoffnung, erlebe ich seine Herrlichkeit. Oder ganz einfach: Ich lerne lieben.

Aus der Mitte heraus

Wenn ich Seminare gebe zum Thema „Mehr Gemeinschaft" oder „Gemeinschaftliches Leben", dann erzähle ich eigentlich immer diese Geschichte, die ich selbst einmal in einer Gemeinschaft gehört habe, deren genaue Herkunft ich aber leider nicht herausfinden konnte:

Der Abt eines Benediktinerklosters wurde von Besuchern gefragt: „Wie ist es möglich, dass die Mönche trotz ihrer unterschiedlichen Herkunft, ihres Temperaments und ihrer Bildung so zusammenhalten und eine Einheit bilden?" Der Abt verwies auf ein Rad, seine Felge, seine Speichen und seine Nabe. Im Rad sah er ein Gleichnis für seine Abtei, seine Mönchsgemeinde: „Äußerlich wird unsere Gemeinschaft durch die Felge begrenzt. Die Speichen sind die einzelnen Mitglieder unserer Gemeinschaft, das sind wir also selbst, persönlich. Die Nabe aber ist Jesus Christus. Er ist der Mittelpunkt unserer Gemeinschaft. Aus dieser Mitte heraus gestalten wir unser Leben. Er gibt uns Halt und Zuversicht." Die Besucher des Klosters hörten den Abt aber auch noch sagen: „Je näher die Speichen der Mitte kommen, umso näher kommen sie auch selbst zusammen. Das Geheimnis der Einheit einer Mönchsgemeinde ist auch das Geheimnis einer Familie oder einer christlichen Gemeinde oder Gemeinschaft: Je mehr wir uns Christus nähern, umso mehr nähern wir uns auch einander. Und je mehr wir miteinander und füreinander leben, können wir als Christen auch für andere leben und über den Rand hinaus für die Welt da sein. Die Mitte aber muss Jesus Christus bleiben."

Dieses Bild vom Wagenrad begeistert mich immer wieder – denn so ist es, so erlebe ich es: Je näher wir alle Christus kommen, desto näher kommen wir auch einander. Und desto weiter entfernen wir uns von Unterschiedlichkeiten, von unseren Persönlichkeiten und Charakteren, von Meinungen und Wertungen, von Prägungen und Gelerntem. Diese Geschichte ist der wichtigste Tipp, den ich für jede Gemeinschaft habe: Nähert euch jeder einzeln dem Christus an. Teilt euer Leben in dem Bewusstsein, dass ihr selbst geliebt seid und dass der andere ebenso geliebt ist. Heißt einander in diesem Geist und im Namen von Jesus willkommen. Dann kann Gemeinschaft funktionieren. Dann wird das Gebot, den Nächsten zu lieben, erfüllt. Dann kann es funktionieren – das mit den anderen und mir.

Die anderen und Gott

Wenn ich meinen Nächsten liebe, dann passiert im Idealfall auch Folgendes: Der Nächste erkennt, dass Gott ihn liebt, und beginnt, Gott zu lieben. Manche nennen das „evangelistischen Lebensstil" oder „missionarisches Handeln". Für mich ist es schlicht die Folge weiterfließender Liebe. Somit entsteht ein Kreislauf von Liebe, der einzigartig und wunderbar und sehr lebendig ist. Herzen in alle Richtungen!

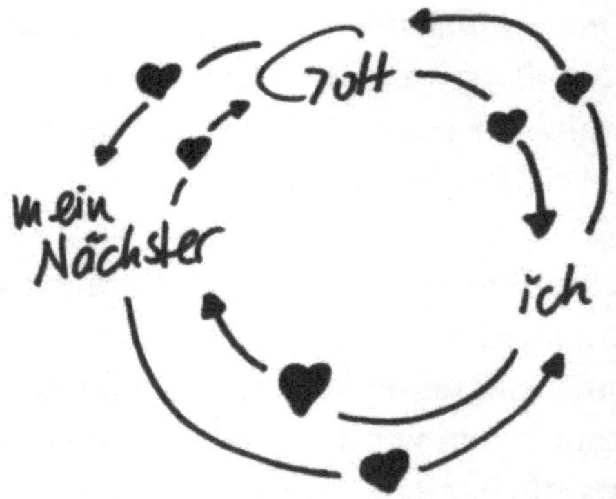

Ich muss Ihnen etwas gestehen: Ich bin Theologin, habe eine Gemeinde mitgegründet, habe schon viele Missionseinsätze mitgemacht und evangelistische Aktionen in unterschiedlichen Ländern dieser Welt aktiv begleitet. Aber bei mir hat sich noch nie jemand für den Glauben, für die persönliche Beziehung mit Jesus entschieden. Fromm gesagt:

> Bei mir hat sich noch nie jemand bekehrt. Manchmal schon habe ich mich gefragt, ob ich was falsch mache, ob ich zu wenig bete, ob ich nicht aktiv genug bin und so weiter. Ich verfalle dann oft in einen seltsamen Ehrgeiz, von dem ich nicht weiß, ob der in Gottes Sinn ist. Kennen Sie solche Gedanken?

Ich freue mich, wenn Leute erzählen, dass sie schon viele Menschen zum Glauben führen durften. Ich freue mich auch, wenn Leute mir erzählen, dass sie durch andere zum Glauben gefunden haben. Wie wunderbar – Gott sei Dank!

Und ich schäme mich (mittlerweile) kein bisschen (mehr), dass so etwas in meiner Gegenwart noch nicht passiert ist. Zumindest habe ich es noch nicht mitbekommen. Denn wer bin ich, dass ich entscheiden sollte, wie Gott seine Wege zu gehen hat?

Ich wünsche mir, dass die anderen in mir einen Funken von Gottes Herrlichkeit entdecken.

Ich wünsche mir, dass die anderen in mir einen Funken von Gottes Herrlichkeit entdecken. Dass die anderen durch mich erleben, was Glauben heißt. Dass die anderen in meiner Gegenwart die Gnade, Barmherzigkeit und Liebe Gottes erleben. Dass die anderen und Gott zusammenfinden. Irgendwie.

Einander Gutes tun

Gemeinsam mit meiner besten Freundin Esther lebe ich ja in einer Wohn- und Lebensgemeinschaft. Wir teilen nicht nur das Auto und die Wohnung, sondern auch unser Leben. Und wir beten und arbeiten schon lange für die christliche Hausgemeinschaft, die wir unter dem Namen SegensReich gerne aufbauen möchten: Dass viele verschiedene Menschen unter einem Dach ihr Leben und ihren Glauben teilen, Gnade erleben, sich unterstützen und Gutes tun und die Herrlichkeit Gottes widerspiegeln – das ist es, was Gott uns aufs Herz gelegt hat. Noch fehlt uns das Grundstück oder die Immobilie. Aber wir bleiben dran – und bis diese Vision in einem Haus ihr Ziel findet, leben wir schon segensreich. Dazu gehört, dass wir nicht nur einander, sondern auch vielen anderen Gutes tun, sooft es geht – und zwar in Gottes Namen, so wie es in unseren Leitversen aus dem Hebräerbrief heißt: *„Ferner wollen wir unbeirrbar an der Hoffnung festhalten, zu der wir uns bekennen; denn Gott ist treu und hält, was er zugesagt hat. Und weil wir auch füreinander verantwortlich sind, wollen wir uns gegenseitig dazu anspornen, einander Liebe zu erweisen und Gutes zu tun"* (Hebräer 10,23-24; NGÜ).

In unserer Nachbarschaft wohnt derzeit eine Familie mit zwei kleinen Kindern, mit der wir recht guten Kontakt haben. Sie haben mit Kirche nicht viel am Hut, aber sie kennen uns und wissen, was wir glauben, zumindest im Ansatz. Wir haben nie Gespräche über Gott und Religion geführt. Bis zu diesem einen Abend. Die Familie hatte uns als Dankeschön für manchen Babysitterdienst zum Abendessen in ein Restaurant eingeladen. Und irgendwann zwischen Vorspeise und Hauptgericht fragte mich die Frau und gleichzeitig der Mann Esther, an was wir eigentlich genau glaubten, wie wir dazu kämen, wer Jesus sei und so weiter. Esther und ich staunten nicht schlecht – denn diese Fragen kamen gefühlt aus heiterem Himmel. Tatsächlich waren sie aber die Folge aus langen Beobachtungen: Diese Familie hatte sich offensichtlich lange angeschaut, was wir wie und warum und wie oft machten. Und nun war die Zeit gekommen, dass sie ihre Fragen mal stellen wollten. Der Abend war lang und intensiv. Irgendwann mussten die kleinen Kinder ins Bett und wir verabschiedeten uns.

Wir wissen nicht, was sich bei dieser Familie seitdem getan hat. Auch hier habe ich bisher keinen „Bekehrungserfolg" zu verzeichnen. Wobei – weiß ich das so genau? Kann ich ins Herz dieser Menschen schauen? Zum Glück nicht – aber Gott tut es. Und ich bin dankbar für den Samen, den Esther und ich ausstreuen durften und weiter dürfen. Ob und wie dieser wächst, ist nicht unsere Sache, sondern Gottes.

Einfach Glauben leben

Manche nennen das „missionarisches Handeln“, andere „evangelistischen Lebensstil“. Ich möchte es einfach „Glauben leben“ nennen. Ich möchte meinen Glauben leben und bekennen, und zwar immer und überall. Das muss nicht heißen, dass ich mich in die Fußgängerzone stelle und eine Bibel hochhalte. Es kann schlicht heißen, dass ich teile, was ich habe und wie ich lebe. Wenn ich Gäste zum Abendessen habe, dann bete ich vor dem Essen und sage Gott Danke. Ob die Gäste gläubig, andersgläubig oder ungläubig sind, spielt für mich dabei keine Rolle. Ich möchte meinem Gott die Ehre geben. Übrigens auch im Restaurant, vor den Augen der Weltöffentlichkeit. Am meisten möchte ich die Liebe teilen.

Ich kenne zu viele Leute, die zwischen ihrem „christlichen Leben“ und „dem ganzen Rest“ einen klaren Schnitt machen. Der Geburtstag wird dann zweimal gefeiert: Mit den Leuten aus der Kirche und mit denen aus dem Sportverein. Bilder mit Bibelversen hängen höchstens im Schlafzimmer – da, wo Gäste eher nicht hinkommen. Und beim Essen auswärts wird ganz still und unscheinbar gebetet: kurz mal den Kopf senken, aber nicht zu auffällig.

Ich frage mich immer wieder: Warum schämen wir uns oft so sehr für unseren Glauben? Warum haben wir solche Hemmungen, rauszulassen, was in uns lebt?

Noch vor einigen Jahren fiel es mir oft gar nicht leicht, über meinen Glauben zu sprechen oder in der Öffentlichkeit zu beten. Kennen Sie das?

Mein Glaube schien für andere oft so unverständlich zu sein, so seltsam, so naiv und realitätsfern. Dabei hatte ich es verhältnismäßig leicht, ins Gespräch zu kommen: Spätestens bei der Frage nach meinem Studienfach (Theologie) oder meinem Beruf (damals: Pastoralassistentin) war klar, für welchen Verein ich spiele. Ich weiß nicht mehr genau, seit wann ich diese unbändige Freiheit spüre, immer und überall zu erzählen, zu wem ich gehöre. Aber ich habe sie mittlerweile, und ich bin von Herzen dankbar dafür.

Ich weiß noch, was ein Dozent auf der Bibelschule zu uns Heranwachsenden gesagt hatte: Es komme nicht so sehr auf die Gespräche an, die wir führten, sondern darauf, wie wir uns verhielten. Auch wenn wir es nicht merkten, die Menschen beobachteten uns, sagte er. Wenn wir also ausgingen, zum Essen oder so, dann komme es darauf an, dass wir uns so verhielten, wie ein Christ es tut. Er nannte dann Früchte des Heiligen Geistes wie Freundlichkeit, Geduld, Sanftmut und Liebe. Und dieses Zitat von Franz von Assisi: „Predige das Evangelium zu jeder Zeit, und wenn nötig, benutze Worte."

Ich weiß nicht mehr genau, seit wann ich diese unbändige Freiheit spüre, immer und überall zu erzählen, zu wem ich gehöre. Aber ich habe sie mittlerweile, und ich bin von Herzen dankbar dafür.

Seit dieser Zeit hat sich bei mir nach und nach vieles entspannt. Einfach Glauben heißt für mich: einfach leben. Denn zu meinem Leben gehört mein Glaube, gehört Gott.

Eine meiner besten Freundinnen aus der Schulzeit – sie ist nicht in der Art gläubig wie ich –, hat vor Jahren unseren Kontakt abgebrochen. Ihr war es zu viel geworden, dass bei mir immer und in allem Gott vorkommt. Das nervte sie. Sie bat mich, Gott mal rauszulassen, wenn ich erzählte, wie es mir geht und was ich so mache. Aber wie sollte das gehen? Mein Leben ohne Gott – das gibt es ja gar nicht. Wir haben heute leider tatsächlich keinen Kontakt mehr. Und ich meine nicht, dass ich in irgendeiner aufdringlichen Weise immer nur von Gott und Jesus und Glauben und so spreche. Er gehört eben dazu. Einfach Glauben leben ist das, was ich tue.

Wie ist das bei Ihnen? Wie sehr durchdringt Ihr Glaube Ihr Leben, Ihren Alltag? Wo haben Sie Hemmungen, Ihren Glauben ins Spiel zu bringen oder von Gott zu erzählen? Vielleicht sogar mit Menschen zu beten?

Das ist es übrigens auch, was viele Muslime, die in Deutschland sind oder die nach Deutschland kommen, abschreckt – oder besser gesagt: erschreckt. Denn Deutschland ist für Muslime per se ein christliches Land. Sie halten alle hier für Christen. Und dann lernen sie undankbare, lügende, unmoralisch lebende, unfreundliche, ungnädige und unanständige Menschen kennen – und glauben, das seien Christen, so lebten Christen. Ist ja klar, dass sie dann vom Christentum nicht viel halten.

Was macht einen Christenmenschen eigentlich aus? Was heißt es in der Praxis, Christ zu sein? Fakt ist, dass wir alles haben, was wir brauchen:

In seiner göttlichen Macht hat Jesus uns alles geschenkt, was zu einem Leben in der Ehrfurcht vor ihm nötig ist. Wir haben es dadurch bekommen, dass wir ihn kennengelernt haben – ihn, der uns in seiner wunderbaren Güte zum Glauben gerufen hat. In seiner Güte hat er uns auch die größten und kostbarsten Zusagen gegeben. […] Darum setzt alles daran, dass zu eurem Glauben Charakterfestigkeit hinzukommt und zur Charakterfestigkeit geistliche Erkenntnis, zur Erkenntnis Selbstbeherrschung, zur Selbstbeherrschung Standhaftigkeit, zur Standhaftigkeit Ehrfurcht vor Gott, zur Ehrfurcht vor Gott Liebe zu den Glaubensgeschwistern und darüber hinaus Liebe zu allen Menschen. Denn wenn das alles bei euch vorhanden ist und ständig zunimmt, wird euer Glaube nicht untä-

tig und nicht unfruchtbar bleiben, und ihr werdet Jesus Christus, unseren Herrn, immer besser kennenlernen.

2. Petrus 1,3-8 (NGÜ)

Es liegt an mir, diese Charakterzüge, die ich durch meine Verbundenheit mit Gott längst schon habe, in mein Leben zu holen – sie lebendig werden zu lassen. Charakterfestigkeit, geistliche Erkenntnis, Selbstbeherrschung, Standhaftigkeit, Ehrfurcht vor Gott und dann auch Liebe zu den Menschen. Da ist sie wieder, die Liebe!

Sie ist auch für den Gemeindegründer Paulus etwas, an das er immer und immer wieder erinnert – im folgenden Text seinen Schüler Timotheus:

Denn die Legenden und endlosen Geschlechtsregister, mit denen sie sich befassen, führen nur zu Spekulationen, statt dass sie den Glauben fördern und damit der Verwirklichung von Gottes Plan dienen. Sie bringen auch keine Liebe hervor, und gerade das muss doch das Ziel aller Verkündigung sein – Liebe aus einem reinen Herzen, einem guten Gewissen und einem Glauben, der frei ist von jeder Heuchelei.

1. Timotheus 1,4-5 (NGÜ)

Paulus macht klar: Du kannst reden und predigen, so viel du willst – wenn das alles keine Liebe hervorbringt, ist es vergeudete Zeit!

Jesus selbst ist noch deutlicher, wenn er sagt: „*An eurer Liebe zueinander werden alle erkennen, dass ihr meine Jünger seid*“ (Johannes 13,35; NGÜ).

Moderne Kirchtürme

Ich bin mir sicher: Unsere Liebe zu Gott und zu den Menschen sind die Kirchtürme unserer Zeit. Kirchtürme waren lange Zeit die höchsten Gebäude am Ort. Sie waren – und sind! – ein weithin sichtbares Zeichen für ein Gotteshaus, ihre Glocken läuteten regelmäßig zu Gottesdienst und Gebet.

Heute werden Kirchtürme weit überragt und Kirchenglocken werden übertönt – wenn sie überhaupt noch läuten. Aber ich erlebe, dass mein Lebensstil mit Gott in der Mitte ein weithin sichtbares Zeichen für viele sein kann. Die anderen sehen: Hier ist Gott zu Hause. Dieses Zeichen speist sich weniger aus meinen Worten als aus dem, was ich tue und lasse. Natürlich klappt das mit Barmherzigkeit und Sanftmut, mit Selbstbeherrschung, Standhaftigkeit, Liebe, Geduld und Frieden bei mir auch nicht immer hundertprozentig. Aber ich hänge an der Quelle und habe gute Chancen, lebenslang zu lernen und mit den Jahren immer besser zu werden. Und wenn Menschen das bemerken und erkennen: „Bei Tina ist was anders – die hat was, das mir fehlt!“, dann fungiere ich recht erfolgreich als moderner Kirchturm in meinem Ort.

Die anderen sehen: Hier ist Gott zu Hause.

Was können Sie tun oder lassen, um als eine Art Kirchturm in Ihrer Umgebung weithin sichtbar zu sein? Welche Formen der Liebe können Sie noch mehr ausleben, um Menschen ein Vorbild zu sein, vielleicht sogar ein Wegweiser hin zu Gott?

Meine Erfahrung ist übrigens: Als Gemeinschaft leuchten wir heller. Und als Gemeinschaft ist es viel einfacher, zu leuchten und einander Gutes zu tun. Das meint auch Lawrence J. Crabb, wenn er von christlicher Gemeinde schreibt:

Ich stelle mir die Gemeinde als Gruppe von Menschen vor, die sich in kleinen, heilenden Gemeinschaften zusammenfinden, verbunden durch das, was sie einander zu geben haben. Vielleicht treffen sie sich mit anderen solcher Gemeinschaften in größeren Gruppen, um gemeinsam das Leben zu feiern, mehr darüber zu lernen und dann gestärkt hinauszugehen und andere zu diesem Leben einzuladen.[34]

Ich frage mich, ob der zusammengeschlagene Mann in der Geschichte des barmherzigen Samariters sich gefragt hat, warum sein Retter ihm wohl geholfen habe. Ob sein Glaube – welcher auch immer das war – ihn motiviert hatte? Ich frage mich, ob sich die beiden während ihrer gemeinsamen Zeit über ihren Glauben unterhalten haben – und was die Inhalte dieser Gespräche gewesen sein könnten.

Zum Herrn gehörig

Ich habe mich ein paar Zeilen weiter oben schon einmal gefragt, warum wir uns oftmals so schämen, unseren Glauben und unsere Liebe zu Gott zu teilen, von beidem zu erzählen. Denn selbst die höchsten Politiker unseres Landes fordern uns dazu auf. So zitierte das Christliche Medienmagazin PRO 2016 einmal den Wunsch des Bundesinnenministers Thomas de Maizière, die Kirche sollte sich mit eigenen, kontroversen Beiträgen und Vorschlägen in politische und gesellschaftliche Diskussionen einmischen. Kirche könne stärker als der Staat im Namen der Barmherzigkeit und Nächstenliebe agieren und andere Schwerpunkte setzen.[35] Auch der frühere Bundespräsident Christian Wulff wird zitiert: Bei häufig herrschendem Egoismus und Isolationismus sei es wichtig, einander in Liebe zu dienen. Mehr Kirche, mehr Christen, das ginge zulasten von niemandem, wäre aber zum Nutzen aller. Die große Chance der Kirchen bestehe darin, Pessimismus und Hass Glaube, Hoffnung und Liebe entgegenzusetzen.[36] Da ist sie wieder, die Liebe!

Ich weiß, dass viele von uns den Transfer von „Kirche“ zu „jedem Christen“ nicht so einfach schaffen. In Traugesprächen sagen mir die Leute häufig, dass sie mit der Kirche nichts am Hut haben, aber schon noch glauben. Mit „Kirche“ meinen die meisten von uns die verfassten Kirchen: diese Verwaltungsapparate, die irgendwelche Entscheidungen treffen, die wir nicht mittragen wollen oder können, die hierarchisch blockiert sind und im Kundenkontakt leider nicht selten mäßig liebevoll agieren. Aber „Kirche“ im eigentlich Wortsinn – das sind wir alle: die Gemeinschaft der Gläubigen. Das Wort „Kirche“ kommt ursprünglich wohl vom griechischen Wort *kyriakos*, was so viel heißt wie „zum HERRN gehörig“, bzw. von *kyriakon*, Griechisch für „zum HERRN gehörendes Haus“. Und in diesem Sinne bin ich doch sehr gerne Teil der Kirche, auch wenn ich mit mancher verfassten, organisierten Kirche so meine Problemchen habe.

Aber „Kirche“ im eigentlich Wortsinn – das sind wir alle: die Gemeinschaft der Gläubigen.

Wie geht es Ihnen da? Sind Sie Teil der Kirche? Wenn ja, welcher Kirche? Im Sinne welcher Kirche? Sind Sie eher eine „Karteileiche“ oder aktives (Mit-)Glied?

Lassen Sie uns so leben, dass wir einen Unterschied bewirken. Dass wir Kirchtürme sind für die anderen, sodass sie Gott sehen. Dass wir Leuchttürme sind für die anderen, dass sie den Weg zum Glauben finden. Da ist es recht egal, zu welcher Kirche wir uns zugehörig fühlen, solange wir uns dem HERRN zugehörig fühlen. Aber vergessen Sie nicht: Als Gemeinschaft sind wir sichtbarer und leuchten wir heller.

Autor: Pater Alfred Tönnis OMI
Jahrgang: 1959
Beruf/Tätigkeit: Flüchtlingsseelsorger/Medienseelsorger
Leidenschaften: den Fragen des Lebens nachgehen, das Menschsein in seiner Vielfältigkeit wahrnehmen, Wege der Kommunikation mit Gott erschließen, Netzwerker sein und irdische Netzwerke mit dem Netzwerk Gottes in Verbindung bringen

Eine Liebe, die rechnet, rechnet sich nicht

Dieser Satz liest sich erst einmal sehr einfach. Er ist mein Lebensmotto, gewachsen aus vielen Erfahrungen mit Menschen, mit Schicksalen, mit Liebesgeschichten verschiedenster Art. Auch in meiner Arbeit als Seelsorger prägt mich dieser Satz immer wieder. Wie schnell ist man versucht, zu rechnen. Aufzurechnen, abzurechnen, Rechnungen zu stellen.

Je mehr das Rechnungswesen in diese Liebe einzieht, desto weniger ist es Liebe.

Wenn Ehen auseinandergehen, wird oft abgerechnet, aufgerechnet. Es werden Rechnungen gestellt. Die Liebe geht den Bach herunter oder ist sogar schon zu Ende. Wie schnell wird dann gerechnet: Das habe ich alles für dich getan. Da habe ich dir das gekauft. Da habe ich für dich auf das oder das verzichtet. Und so weiter. Je mehr das Rechnungswesen in diese Liebe einzieht, desto weniger ist es Liebe.

Eine Liebe will vom Ansatz her nicht rechnen. Eine Liebe will sich hingeben. Eine Liebe will sich einbringen. Eine Liebe hat das „Du" im Blick und will, ohne aufzurechnen, dieses „Du" im Glück. Das Lächeln bei *dem* anderen, das Lächeln bei *der* anderen ist ein Lebenselixier für einen selbst. Die Liebe kann einen Menschen verändern. Sie kann einen Menschen aus den Tiefen des Lebens herausholen. Eine Liebe kann einen Menschen zu ungeahnten Höhenflügen verhelfen. Eine Liebe will nie rechnen, eine Liebe will sich im Du dem „Du und Ich" hingeben. Sie werden eins in der Liebe.

Gottes Liebe ist nach unserer Überzeugung größer, als wir sie denken können. Diese Liebe Gottes will uns immer wieder erreichen. Sie will uns immer wieder stärken und befähigen, neu aufzubrechen. Diese Liebe Gottes ist immer wieder die Herausforderung, der wir uns stellen müssen. Wir sollen ja diese Liebe erwidern. Wir sollen ja unsere Liebe in diese Liebe einbinden.

Vielleicht sollen wir ja der Liebe Gottes Hand und Fuß geben. Vielleicht sollen wir ja der Liebe Gottes, die uns erreicht hat oder erreichen will, menschliche Züge geben. Vielleicht ist unsere Erwiderung auf die gefühlte Liebe Gottes uns gegenüber die Weitergabe der Liebe nach unseren menschlichen Möglichkeiten.

Gerade in der augenblicklichen Flüchtlingsdiskussion wird mir das sehr deutlich. Kriege sind etwas Schlimmes. Vieles ist da abscheulich. Viele Menschen sind auf der Flucht. Die Bilder bewegen viele Menschen, auch bei uns hier in Deutschland. Deutschland hat viele Flüchtlinge aufgenommen. Auch durch unsere Bundeskanzlerin Angela Merkel wurde eine Willkommenskultur ganz anderer Art gelebt. Die Bilder vom Münchener Hauptbahnhof und die Aufforderung „Wir schaffen das!" haben Deutschland in Bewegung gesetzt. Wir haben in Deutschland viele Menschen aufgenommen, wir haben vielen ein Stück weit Heimat gegeben. Wir haben aufgenommen, ohne zu rechnen. Wir haben dadurch eine Liebe bewiesen, nicht nur durch Worte, sondern durch Taten.

Natürlich hat sich danach auch das Rechnen eingestellt. Das Abrechnen. Das Aufrechnen. Sicher muss manches auch berechnet werden, aber die Diskussionen sind über die Abrechnungen hinaus in Lieblosigkeiten hineingewachsen. Was aus Liebe begann, wird durch das Rechnen auch wieder zerstört.

Die Flüchtlingskrise hat ein riesiges Liebesnetzwerk in Bewegung gebracht, zum Beispiel hier in Deutschland. Viele Flüchtlinge sind liebevoll aufgenommen worden. Viele Flüchtlinge haben die Liebe der Deutschen spüren dürfen. Strukturen verändern sich langsam. In der Flüchtlingsarbeit marschieren oftmals die verschiedenen christlichen Kirchen und Gemeinschaften gemeinsam los. Da entstehen Orte der Begegnung, der Berührung. Plötzlich sind Menschen aktiv, die sonst kaum wahrgenommen wurden. Wir erleben in Deutschland andere Kulturen und auch einen vielschichtigen Islam. Es entstehen interreligiöse Projekte. Deutsche lernen den Islam kennen, Muslime den christlichen Glauben. Mensch-zu-Mensch-Begegnungen finden in Fülle statt. Überall. Ob auf den Marktplätzen, in den Schulen, Sportanlagen, Kirchen und allen möglichen anderen Orten. Wir erleben leider auch fanatische Menschen - und schauen dann vielleicht in unsere eigene Vergangenheit. Es verändert sich etwas. Die Liebe den vielen Flüchtlingen gegenüber wird etwas in diesen bewirken - und auch in uns. Deutschland hat sich verändert und wird sich weiter verändern.

Wir werden uns immer verändern, wenn wir lieben

Die Liebe ist die Energie, die verändert und verändern kann. Wer liebt, lässt sich auf Veränderung ein - bei sich und bei anderen. Wir Christen haben uns dieser Liebe verschrieben - also auch der Veränderung.

Ich arbeite viel mit Muslimen in der Flüchtlingsarbeit als Flüchtlingsseelsorger zusammen. Natürlich sprechen wir auch über den Glauben, auch über den Koran. Immer wieder ziehe ich natürlich auch Vergleiche. Jesus ist unser Mensch gewordenes Wort Gottes. Sein Leben, seine Botschaft durch sein Leben, seine Liebe, sein Sterben, seine Auferstehung sind die Richtschnur für unser Leben. Sein Gebot „Gott zu lieben und den Nächsten wie uns selbst", ist der Auftrag für unser Leben. Der Liebe Raum zu geben. Die Liebe Gottes zu uns Menschen durch unsere Liebe zu erwidern. Die Botschaft Jesu ist uns Auftrag und Lebensziel für ein gelingendes Leben.

In dieser Botschaft und ihrer Verwirklichung in unserem Leben haben wir viel Freiheit: viel zu rechnen oder nicht zu rechnen. Diese Freiheit zu haben, ist schön - und auch schwer. Sie fordert viel von uns. Wir haben eben keine festen Reglements im Einzelnen.

Unsere Flüchtlinge kommen oft mit dieser Freiheit nicht zurecht. Sie sind feste Strukturen gewohnt. Dazu gehören feste familiäre Strukturen, aber auch religiöse: die Gebetszeiten, Schweinefleisch darf nicht gegessen und Alkohol nicht getrunken werden, die festen, genauen Vorschriften im Erfüllen des Ramadan.

Ich werde öfter von den muslimischen Flüchtlingen über meinen Glauben ausgefragt. Warum ich nicht mehrmals am Tag bete. Warum ich im Ramadan nicht faste. Warum wir Schweinefleisch essen. Über diese und viele andere Themen kommen wir immer wieder ins Gespräch.

Ich frage aber auch zurück: Warum kämpfen Sunniten gegen Schiiten bis aufs Blut? Warum nehmen manche islamische Staaten keine Flüchtlinge auf?

Man kann natürlich auch in diesem Denken rechnen, berechnen und abrechnen. Ich kann die Vor- und Nachteile des christlichen Glaubens und des Islams gegenüberstellen. Und dann mal rechnen ... Ich bin der Überzeugung, dass auch da der Satz gilt: Eine Liebe, die rechnet, rechnet sich nicht.

Liebe heißt auch: Veränderung

Es geht um Liebe, sowohl im Christentum als auch im Islam. Es geht um Veränderungen, die durch Liebe und mit Liebe angestoßen werden. Dazu möchte ich ein Beispiel aus der Bibel anführen:

Jesus ging zum Ölberg zurück, doch schon früh am Morgen war er wieder im Tempel. Bald hatte sich eine Menschenmenge um ihn versammelt, und er setzte sich und unterwies sie. Während er sprach, brachten die Gesetzeslehrer und Pharisäer eine Frau herein, die sie beim Ehebruch ertappt hatten. Sie stellten sie in die Mitte. „Meister", sagten sie zu Jesus, „diese Frau ist auf frischer Tat beim Ehebruch ertappt worden. Nach dem Gesetz Moses muss sie gesteinigt werden. Was sagst du dazu?" Damit wollten sie ihn zu einer Aussage verleiten, die sie gegen ihn verwenden konnten. Doch Jesus bückte sich und schrieb mit dem Finger in den Staub. Aber sie ließen nicht locker und verlangten eine Antwort. Schließlich richtete er sich auf und sagte: „Wer von euch ohne Sünde ist, der soll den ersten Stein auf sie werfen!" Damit bückte er sich wieder und schrieb weiter in den Staub. Als die Ankläger das hörten, machten sie sich einer nach dem anderen davon, die Ältesten zuerst. Schließlich war Jesus allein mit der Frau, die noch immer an der gleichen Stelle in der Mitte stand. Da richtete Jesus sich wieder auf und sagte zu ihr: „Wo sind sie? Hat dich keiner von ihnen verurteilt?" „Niemand, Herr", antwortete sie. „Dann verurteile ich dich auch nicht", erklärte Jesus. „Geh und sündige nicht mehr."

Johannes 8,1-11

Der erste Blick wird auf die Ältesten gelenkt: „Wer unter euch ohne Sünde ist, der werfe den ersten Stein auf sie." Jesus will eine Veränderung in den Herzen der Ältesten, liebevoll deutlich gemacht, aber in der Aussage sehr klar.

Der zweite Blick ist auf die Frau gerichtet: „Geh hin und sündige hinfort nicht mehr." Auch hier will Jesus Veränderung im Leben der Frau, liebevoll und deutlich formuliert.

Diese Perikope ist für mich ein deutlicher Beweis der Handlungsstrategie von Jesus: liebevoll und deutlich Veränderungsperspektiven aufzeigen und anmahnen. Nicht durch Abrechnung und Aufrechnung wird Veränderung nachhaltig initiiert. Für Jesus war die Liebe der Inbegriff jeglicher Gesetzgebung. Insofern sprechen wir Christen auch von Jesus als die Erfüllung des Gesetzes. Er hat die grundsätzlichen Pfeiler eines religiösen Zusammenlebens verdeutlicht. Wir dürfen nicht Sklaven der Gesetze sein. Wir nutzen Gesetze, um in Freiheit unser Gemeinschaftsleben zu strukturieren. Eine Religion ist nur dann eine gute Religion, wenn sie dem Menschen auf seinem Weg zum Heil hilft. Eine Religion ist kein Korsett. Eine Religion ist das Leben der Liebe zu Gott, zu den Menschen und zu uns selbst.

Als Flüchtlingsseelsorger in einer Flüchtlingsunterkunft mit bis zu 120 Personen arbeite ich in der *Seelsor-*

ge: nicht als Psychotherapeut oder als Sozialarbeiter. Die Seele ist im Blick. Die Tiefe der Seele ist im Blick. Die verletzte Seele ist im Blick. Auch die Seele ist nicht ein rechnerisch zusammengefügtes Konglomerat verschiedener Organe, Lebensepochen, genetischer Vorausgaben. Die Seele ist das von Gott eingehauchte Liebessiegel. Gott ist Liebe, Gott liebt jeden Menschen, Gott hat jedem Menschen dieses Liebessiegel eingehaucht.

Die Seele ist das von Gott eingehauchte Liebessiegel.

Machen wir etwas daraus. Oder machen wir nichts daraus. Die Freiheit haben wir. Aber das eingehauchte Liebessiegel auch – für immer.

Ich mit mir

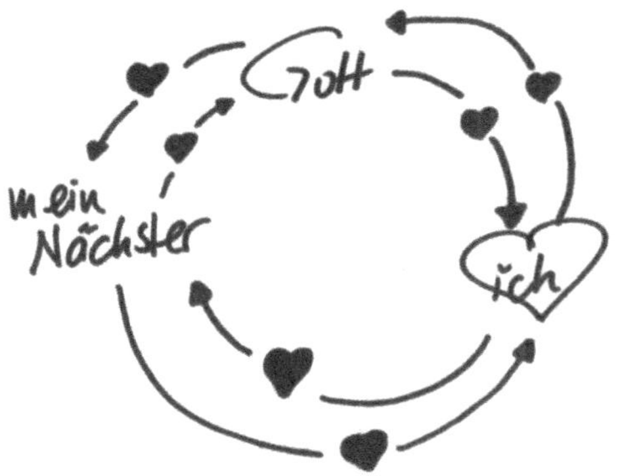

Im Laufe meiner Arbeit an diesem vermeintlichen Doppelgebot der Liebe hatte ich schließlich mein persönliches Aha-Erlebnis, das mich letztlich zu diesem Buch motiviert hat: Ich selbst spiele in diesem Kreislauf eine nicht unerhebliche Rolle. „Liebe deinen Nächsten **wie dich selbst**" steht im Doppelgebot der Liebe. „Wie dich selbst" - der Liebeskreislauf funktioniert also nur, wenn ich mich selbst auch tief liebe. Dickes Herz um mich selbst herum!

Als ich anderen erzählte, um was es in diesem Buch gehen soll, haben mich viele ermutigt. Ich betonte dabei, dass es um das Doppelgebot der Liebe gehe, das eigentlich ein dreifaches sei, und davon waren die Leute dann immer *sehr* begeistert. Alle sagten, dass es doch das Wichtigste sei, sich selbst zu lieben.

Ich finde, das stimmt – auch, aber nicht nur. Und auf keinen Fall ohne die anderen Formen der Liebe, die wir bis hierher schon angeschaut haben.

Mir wird immer klarer, dass ich mich hier auf einem schmalen Grat bewege. Meine Erfahrungen mit Menschen zeigen mir, dass die wenigsten unter Narzissmus und Egozentrik leiden (auch wenn es den Anschein haben mag). Die meisten Menschen, mit denen ich in Seminaren und Coachings zu tun habe, leiden eher unter mangelnder Selbstliebe. Sie haben nie gelernt, das dicke Herz auch um sich selbst zu ziehen. Für sie – und ich wage zu behaupten: für die meisten von uns – sind die Worte „… wie dich selbst" die größte Herausforderung in den Zeilen des biblischen Liebesgebots.

Himmlisches Qualitätssiegel

Wie oft machen Sie anderen Komplimente? Und: Wie reagieren Sie, wenn Ihnen jemand ein Kompliment macht? Denken Sie da doch einmal kurz drüber nach.

Ich beobachte schon lange etwas – aus meiner Sicht – wirklich Witziges. Oder ist es in Wahrheit traurig? Wenn ich jemandem sage: „Das ist ein toller Pullover, den du da trägst!", kommen meist Antworten in dieser Richtung: „Oh, danke, den habe ich schon ganz lange" oder „Ach, der war ganz günstig, vergangene Woche im Schlussverkauf im Modehaus XY". Ich schmunzele dann immer und sage, dass ich das gar nicht wissen wollte, sondern ich hätte einfach sagen wollen, dass dieser Pullover an dieser Person schön ausschaut.

Warum fällt es uns so schwer, Komplimente anzunehmen? Und wieso reagieren wir oft so beschämt, wenn wir ein Kompliment bekommen? Und noch gravierender: Warum machen wir anderen so selten Komplimente?

Ich erinnere mich, wie ich während meines Studiums einmal nach der Mittagspause von einem Frisörbesuch zurück auf den Campus kam. Eine Mitstudentin sah mich und meine neue Frisur und sagte: „Tolle Frisur!“ Ich antwortete: „Ich weiß!“, woraufhin ich von ihr zu hören bekam: „Boah, bist du arrogant!“ Ich lernte an diesem Nachmittag: Wie ich es auch mache, scheint es falsch zu sein.

Dabei möchte ich mich als das feiern, was ich bin: sehr gut!

Die biblische Wahrheit, die über jeder und jedem von uns hängt, ist schlicht. Sie steht ganz am Anfang der Bibel, in den Abschnitten, in denen die Erschaffung der Welt beschrieben wird. Als es um den Menschen geht, lese ich folgende Verse:

> *Da sprach Gott: „Wir wollen Menschen schaffen nach unserem Bild, die uns ähnlich sind. Sie sollen über die Fische im Meer, die Vögel am Himmel, über alles Vieh, die wilden Tiere und über alle Kriechtiere herrschen.“ So schuf Gott die Menschen nach seinem Bild, nach dem Bild Gottes schuf er sie, als Mann und Frau schuf er sie. Und Gott segnete sie und gab ihnen den Auftrag: „Seid fruchtbar und vermehrt euch, bevölkert die Erde und nehmt sie in Besitz. Herrscht über die Fische im Meer, die Vögel in der Luft und über alle Tiere auf der Erde.“ Und Gott sprach: „Seht her! Ich habe euch die Samen tragenden Pflanzen auf der ganzen Erde und die Samen tragenden Früchte der Bäume als Nahrung gegeben. Allen Tieren und Vögeln aber habe ich Gras und alle anderen grünen Pflanzen als Nahrung zugewiesen.“ Und so geschah es. Danach betrachtete Gott alles, was er geschaffen hatte. Und er sah, dass es sehr gut war. Und es wurde Abend und Morgen: der sechste Tag.*
>
> 1. Mose 1,26-31

Haben Sie es gemerkt? Haben Sie es wahrgenommen? Gelesen? Was da steht – über Sie und mich und jeden anderen Menschen, der jemals auf der Erde war und ist und sein wird? Es ist dieses schlichte „Sehr gut“: „Und Gott sah an alles, was er gemacht hatte, und siehe, es war sehr gut.“

Gott betrachtet seine Arbeit – auch mich! – und vergibt dieses Qualitätssiegel: sehr gut!

Ich weiß, dass in den Hunderttausenden Versen danach, im Alten wie im Neuen Testament, viel die Rede davon ist, dass gar nicht alles sehr gut ist. Dass wir Menschen eifersüchtig, korrupt, unehrlich, unmoralisch und was noch alles sind. Und ja, auch das stimmt. Aber ich erlebe immer wieder, wie heilsam es für mich und andere ist, dieses ursprüngliche Qualitätssiegel wahrzunehmen. Denn wenn ich mit Jesus lebe, gilt das. Mindestens *wieder*. Mit Jesus an meiner Seite als meinem Fürsprecher sieht Gott in mir den uneingeschränkt guten Menschen, wie er sich ihn ganz am Anfang erdacht hat. Und diese Botschaft von „sehr gut“ ist so wichtig für uns.

… und das ist schön!

Ich habe ein Seminar in meinem Angebot, dem ich diesen Titel gegeben habe: „Ich sehe was, was du nicht siehst, und das ist schön!“ Es ist ein Seminar für Frauen, gerne für Freundinnen, die dann zu zweit kommen. Wir beschäftigen uns anfangs viel mit unserer Identität, wer wir sind, wie wir uns fühlen, wer und was uns zu den Frauen gemacht hat, die wir heute sind. Ganz am Anfang hänge ich das himmlische Qualitätssiegel hoch und bitte die Frauen, sich einer der folgenden Aussagen zuzuordnen:

„Mich sieht ja eh keiner.“
„Glaub ich zwar, erleb ich aber nicht.“

„So'n Blödsinn."
„Yeah, daraus lebe ich! Es ist das Schönste, was ich habe!"
„Schöne Wahrheit, aber was hat das mit meinem Leben zu tun?"

Die meisten tendieren zur zweiten oder fünften Aussage und erklären, dass sie das zwar schon wüssten und auch, dass es im Grunde stimme. Aber so richtig glauben und erleben könnten sie es dann doch nicht.

Die meisten Frauen – ebenso die reichen und schönen! – leiden unter Selbstzweifeln. Männer übrigens auch immer häufiger. Diese Zweifel an der eigenen Person betreffen selten nur den Körper als äußerliche Erscheinung. Meist sind innen viel Unsicherheit und Dunkel. Das kann ich nach außen zwar farbenfroh übertünchen. Ich behaupte allerdings, dass man das sehr wohl erkennen kann: Ob ein Mensch von innen heraus strahlt und schön ist oder ob ein Mensch außen glänzt und bloß hübsch ist – diesen Unterschied merke ich.

Das Ziel in meinem Seminar ist immer, die Frauen von innen heraus strahlen zu sehen. Dass sie das, was innen ist, was Gott in jede von uns hineingelegt hat, nach außen leuchten lassen. Das muss nicht heißen, dass sie sich mit viel Make-up herausputzen und krampfhaft lächeln. Das soll vielmehr heißen, dass sie sind, wie sie sind. Fakt ist, dass jede und jeder von uns Schönheiten und Talente hat, die für diese Welt strahlen wollen – und sollen. Das göttliche „Sehr gut" bezieht sich auf den ganzen Menschen. Auf innen und außen.

Fakt ist, dass jede und jeder von uns Schönheiten und Talente hat, die für diese Welt strahlen wollen - und sollen.

Vor einigen Jahren hat eine große Kosmetikfirma ein Experiment gemacht: Ein Phantombildzeichner der Polizei fertigte Porträts von Frauen an. Er begann jeweils mit der eigenen

Beschreibung der Frauen. Dann fertigte er ein zweites Bild an nach der Beschreibung einer dritten Person, die die Frau nur kurz mal kennengelernt hatte. Am Ende hingen in der Ausstellung je zwei Bilder. Der direkte Vergleich zeigte offensichtlich, was ich schon lange ahnte: Wir denken viel schlechter über uns selbst, als andere es tun. Die Selbstwahrnehmung der Frauen im Experiment war sehr weit entfernt von der Wahrnehmung der anderen. Beschrieben sie selbst ihre Gesichter mit strengen Mienen und unvorteilhaften Proportionen, sahen die anderen sympathische Frauen ohne sichtbare Verunstaltungen. Die Ergebnisse rührten viele zu Tränen. Die Botschaft ist klar: Du bist so viel schöner, als du denkst! Oder anders gesagt: Du bist *sehr gut*!

Mir liegt sehr viel daran, dass Menschen ihren Wert erkennen. Vor allem den, den Gott jeder und jedem von uns gibt. Das Äußere ist dabei nur die Hülle, die sich dem Inneren anpasst, da bin ich mir sicher. Denn das, was die Welt für schön und körperlich erstrebenswert hält, ist nicht das, was Gott für schön und erstrebenswert hält. Ein schönes Herz macht einen schönen Menschen. Schönheit geht immer nur von innen nach außen. Andersherum funktioniert das nur bedingt.

In meinem Seminar gibt es jedes Mal die Aufgabe, je zehn Dinge aufzuschreiben, die die Frauen an sich mögen und die sie nicht so sehr mögen. Das können körperliche, äußerliche Dinge sein, aber auch charakterliche. Das, was die Frauen nicht so sehr mögen, können sie immer sehr schnell benennen. Die meisten könnten das Blatt damit bis zu den Rändern füllen. Bei den Dingen, die sie mögen, tun sich dagegen alle sehr schwer.

Wie ist das bei Ihnen? Nehmen Sie sich doch mal ein Blatt Papier und schreiben Sie je zehn Punkte auf!

Fakt ist: Nur vier Prozent aller Frauen in der Welt halten sich für schön. Wir Frauen sind uns selbst gegenüber die härtesten Kritikerinnen. (Ich vermute, unter Männern ist das eigentlich nicht anders.) Deshalb mache ich so gerne Komplimente – Frauen wie Männern: damit wir unsere Schönheiten erkennen. Ich weiß aus eigener Erfahrung: Da reicht ein Spiegel nicht, da brauche ich andere als Gegenüber, die mich spiegeln. Und zwar aus ihrer Sicht. Dann hängt neben dem grauen Bild, das ich von mir selbst habe, plötzlich ein farbenfroh-fröhliches. Und darum geht es: dass wir erkennen und uns zusprechen und uns zusprechen lassen: sehr gut!

Darum geht es: dass wir erkennen und uns zusprechen und uns zusprechen lassen: sehr gut!

Das dicke Herz um mich selbst

Dieses „Sehr gut“ ist für mich *der* Grund, um mich selbst ein dickes Herz zu ziehen. Es ist *der* Grund, mich selbst zu lieben. Und ja, ich glaube ebenfalls, dass es mir sehr viel schwerer fällt, andere von Herzen zu lieben – auch Gott! –, wenn ich um mich herum einen grauen Strich ziehe statt des dicken roten Herzens. Dieses Qualitätssiegel aus Gottes Hand zu nehmen, geht ja nur, wenn ich an seine Liebe für mich glaube. Wenn ich seine Liebe annehme. Sie merken, wie das eine mit dem anderen und dem Nächsten zusammenhängt. Nein, mich selbst zu lieben ist nicht die Basis jeder anderen Liebe. Aber es ist eine Basis für gesundes Leben – auch geistlich. Und ja, mich selbst zu lieben ist ebenso eine wichtige Basis für die Liebe für andere. Die Liebe zu mir selbst ist ein wichtiger Teil des himmlischen Liebeskreislaufs.

Zu meinem Seminar „Ich sehe was, was du nicht siehst, und das ist schön!“ gehört immer auch ein Fotoshooting. Die meisten mögen keine Fotos von sich selbst. Das ist eigentlich verständlich – denn so, wie wir uns auf Fotos sehen, kennen wir uns ja in der Regel gar nicht. Wir kennen unser Spiegelbild, das wir mögen – oder auch nicht. Unser Körper ist aber nicht symmetrisch, daher sieht ein Spiegelbild immer anders aus als das echte Gegenüber. Das ist der Grund, warum wir auf Fotos anders aussehen als im Spiegel. Das ist uns nicht bewusst – aber es ist so. Ein Foto zeigt die Realität: so, wie wir in Wahrheit aussehen. So, wie andere uns sehen.

Die Liebe zu mir selbst ist ein wichtiger Teil des himmlischen Liebeskreislaufs.

Bei diesen Fotoshootings mache ich immer die gleichen Erfahrungen: Erst wollen die Frauen nicht: „Auf Fotos sehe ich immer doof aus!“ Dann machen wir das Shooting, die Frauen werden im Laufe der Zeit immer lockerer, viele gewinnen wirklich Freude daran, sich vor der Kamera zu präsentieren. Der richtige Effekt kommt aber dann, wenn andere diese Fotos zu sehen bekommen und in der Regel mit einem erstaunten „Wow!“ reagieren. Dann erst erklingt in den Herzen der Models eine Saite, die das himmlische „Sehr gut“ in der Seele schwingen lässt.

Haben Sie ein schönes Foto von sich? Falls nicht, könnten Sie diese Spur ja einmal verfolgen.

Ich erlebe immer mehr, wie ehrlich gesagte Komplimente Menschen erstrahlen lassen. Wie liebevolle Worte anderen ein Lächeln ins Gesicht zaubern. Auf diese Weise können wir einander helfen, das himmlische Qualitätssiegel in unser Leben zu holen – von der Theorie in die Praxis, vom Wissen ins Fühlen, vom schüchternen Ahnen ins feste Für-wahr-Halten. Dann reagieren wir nicht mit einem „War ganz günstig“, sondern mit einem „Ich weiß!“, das aus der Tiefe unserer geliebten Seele kommt.

Staub auf der Seele

Was hindert mich aber daran, Gottes Wahrheit, dieses „Sehr gut!", zu glauben, anzunehmen, zu schätzen und zu feiern? Welcher Staub liegt auf meiner Seele, wie dick ist die Schicht und wo kommt sie her?

In meinem Seminar gebe ich den Teilnehmerinnen immer ein Arbeitsblatt zur persönlichen Reflexion mit. Denn diese Bohrungen in der eigenen Seele brauchen etwas mehr Zeit, als wir in der Regel während des Seminars haben:

Mit welchen Lügen lebe ich in Bezug auf mich selbst? Und wer hat sie mir eingeredet? Welche Prägungen und Verletzungen habe ich erfahren? Und: Welche Auswirkungen haben sie auf mein Selbstbild? Nehmen Sie sich doch auch einmal Zeit für eine Tiefenbohrung in sich selbst hinein und beantworten Sie diese Fragen.

Nicht wenige von uns wachsen auf mit Sätzen wie: „Aus dir wird eh nichts", „Das schaffst du nie" oder „Du bist zu dick". Wir beginnen dann früh, es der Welt zu beweisen, dass das nicht stimmt. Wir stemmen uns gegen diese Sätze, die unser Leben bestimmen, und tun alles, um Gefallen zu finden. Bei Menschen und bei unserem Schöpfer.

So ging es mir, als ich mit Anfang zwanzig im Fast-beinahe-Burn-out landete. Ich hatte alles *für* Gott getan, aber nichts *mit* ihm. Ich brauchte damals Monate, wenn nicht sogar Jahre, und gute Gespräche mit liebevollen Menschen, die meine Lebenslügen entlarvten und letztlich auch meine Beziehung zu Gott staubfreier machten. Denn das ist die Tragik: Diese Lügen trüben immer auch unsere Beziehungen. Selbst die zu unserem Schöpfer. Wir können das „Sehr gut" nicht glauben. Wir haben keine Chance, uns auch selbst zu lieben. Alle anderen, ja klar, kein Problem. Aber mich selbst? Das schaffe ich nicht. Das himmlische „Sehr gut“ macht den Weg frei für die ebenfalls himmlische Aufforderung, mich selbst zu lieben.

Das himmlische „Sehr gut" macht den Weg frei für die ebenfalls himmlische Aufforderung, mich selbst zu lieben.

Ich erinnere mich noch, wie ich im Beisein eines Pastors mal etwas über mich sagte. Es muss gewesen sein, nachdem mir irgendetwas nicht gelungen war. Und dann kam so ein „Och Mensch, Tina, du dumme Nuss!“ aus mir heraus. Der Pastor war daraufhin völlig entsetzt und sagte etwas, das ich niemals vergessen werde: „Tina, das ist Gotteslästerung, was du da gerade gesagt hast!“ Ich verstand das nicht und fragte nach, woraufhin er mir erklärte: „Immer, wenn du schlecht über dich selbst sprichst oder dich gar beschimpfst, verärgerst du Gott. Er ist dein Schöpfer und hat dich doch wunderbar gemacht!“ Selbstbeschimpfung als Gotteslästerung. Dagegen Selbstliebe als Gottesehrung.

Wir sind hier beim dritten Teil des Liebesgebotes. Dieser dritte Teil ist kein Gebot, wie die ersten beiden eines sind. Aber er ist auch mehr als ein gut gemeinter Rat. Gott selbst stellt zu den klaren Anweisungen, Gott und den Nächsten zu lieben, dieses allzu oft vernachlässigte „Wie-dich-selbst“.

Unterwegs auf schmalem Grat

Was will uns dieser kleine Zusatz am Ende des Doppelgebotes sagen? Ich glaube, er führt uns auf den schmalen Grat, der sich stolz erhebt zwischen den tiefen Tälern namens „Egozentrik“ und „Aufopferung für alle anderen“.

Mich selbst zu lieben, das heißt auch, gut für mich selbst zu sorgen. Gott will aber sicher nicht, dass ich wider alle anderen das tue und lasse, was allein mir guttut. Er will, dass ich mich als Teil des großen Ganzen, als Teil dieses Kreislaufes von Liebe sehe. Egozentrik ist fehl am Platz. Aber die scheint mir in den meisten Fällen auch nicht die Herausforderung zu sein. Eher das Sich-selbst-Verleugnen zugunsten aller anderen; und auch das ist nicht in Gottes Sinn für mich. Erinnern Sie sich an den barmherzigen Samariter? Er hat auch nicht für alle Zeiten alles stehen und liegen gelassen für den Verwundeten. Er hat getan, was er konnte, und ist dann seines Weges gezogen. Das ist es, was Gott von mir fordert: dass ich tue, was ich kann. Und er weiß, dass ich Grenzen habe. Dass ich immer nur so viel geben kann, wie ich habe. Am besten so, dass ich das gebe, was ohnehin überfließt.

Bernhard von Clairvaux, ein französischer Abt aus dem Mittelalter, hat das in ein schönes Bild gesetzt, das er die „Schale der Liebe" nennt:

> *Wenn du vernünftig bist, erweise dich als Schale und nicht als Kanal, der fast gleichzeitig empfängt und weitergibt, während jene wartet, bis sie gefüllt ist. Auf diese Weise gibt sie das, was bei ihr überfließt, ohne eigenen Schaden weiter. Lerne auch du, nur aus der Fülle auszugießen, und habe nicht den Wunsch, freigiebiger zu sein als Gott. Die Schale ahmt die Quelle nach. Erst wenn sie mit Wasser gesättigt ist, strömt sie zum Fluss, wird sie zur See. Du tue das Gleiche! Zuerst anfüllen und dann ausgießen. Die gütige und kluge Liebe ist gewohnt überzuströmen, nicht auszuströmen. Ich möchte nicht reich werden, wenn du dabei leer wirst. Wenn du nämlich mit dir selber schlecht umgehst, wem bist du dann gut? Wenn du kannst, hilf mir aus deiner Fülle; wenn nicht, schone dich.*

In dieser Geschichte gefällt mir dieser Ausdruck am besten: „Die Schale ahmt die Quelle nach." Ich möchte eine Quelle sein – auch für andere. Das ist es doch, was Gott von mir will: dass ich an ihm hänge, an seinem unerschöpflichen Fluss, dass ich mich unerschöpflich und immer wieder füllen lasse. Das ist der Grund, warum ich den göttlichen Zeitplan so gerne mag: sechs Tage arbeiten, einen Tag ausruhen und an der Quelle sitzen. Mir würde das allerdings nicht reichen (und nicht jeder Job macht diesen Rhythmus möglich), darum nehme ich mir ein Beispiel an Jesus und hänge mich nonstop an die Quelle oder – in Jesu Worten – an den Weinstock und damit an die Versorgung der Wurzel: *„Bleibt in mir, und ich werde in euch bleiben. Eine Rebe kann nicht aus sich selbst heraus Frucht hervorbringen; sie muss am Weinstock bleiben. Genauso wenig könnt ihr Frucht hervorbringen, wenn ihr nicht in mir bleibt"* (Johannes 15,4; NGÜ). Am Weinstock bleiben – wie geht das? Ich habe mir angewöhnt, die kleinen bewussten Quellen-Momente zu nutzen und mir auf diese Weise meine Zugehörigkeit zum Weinstock deutlich zu machen: In der S-Bahn schaue ich nicht auf mein Smartphone, sondern in die Gesichter der Mitreisenden und lasse ihnen meine Gebete zukommen; alle paar Minuten richte ich meinen Blick vom Bildschirm auf den blauen Himmel draußen und widme meine Gedanken für eine Minute dem Herrn der Welt; auf der Toilette blättere ich nicht in einer Zeitschrift, sondern lese einen Abschnitt in einem Andachtsbuch.

Was können Ihre ganz eigenen Quellen-Momente sein?

Diese wertvollen Momente machen mich zu einem Becken im Flusslauf, zu einer Quelle, die ständig gespeist wird und immer wieder überläuft, während sie selbst stets gut gefüllt bleibt. Auch in Sachen Liebe.

Dann gehe ich auf diesem Grat zwischen „Egozentrik" und „Aufopferung für alle anderen" ganz sicher, und zwar ein Leben lang.

Auf welcher Seite drohen Sie immer wieder ins Tal zu fallen?

Erinnerungshilfen

Ich habe es vorhin schon geschrieben: Viele von uns leben mit Sätzen, die gar nicht wahr sind. Und wir tun viel dazu, dass es immer mehr werden. Glauben Sie nicht? Dann halten Sie doch mal kurz inne und überlegen Sie, wann Sie das letzte Mal gut über sich selbst gesprochen haben, ein Kompliment dankend angenommen oder sich selbst gelobt haben. Und, wie ist das Ergebnis?

Meine Erfahrung mit anderen sagt mir: Wir reden nicht nur gerne schlecht über andere, sondern auch über uns selbst. Und wir wissen gar nicht, was wir uns damit antun – nicht nur geistlich und seelisch, sondern auch körperlich. Negatives Denken macht krank. In diesem Licht klingt die Botschaft Gottes, dass ich „sehr gut" bin und mich auch selbst lieben sollte, doch wie Balsam. Nicht nur für mich, sondern für diese Welt.

Ob der Herr mein Hirte ist, ich geliebt, gewollt und geadelt bin oder Gottes Segen ganz sicher mit mir ist - die Kaffeetasse am Morgen erinnert mich an genau diese Wahrheiten.

Ich habe mich lange gefragt, warum wir Deutschen den Amerikanern alles nachmachen müssen und es auch bei uns seit einigen Jahren alle möglichen „Devotionalien" gibt, also Dinge, die christliche Botschaften transportieren: Ob Frühstückbrettchen oder Kugelschreiber, Wandbild oder Autoaufkleber, Anspitzer oder Brotdose – es gibt nichts, auf das man nicht ein Sprüchlein drucken könnte.

Heute weiß ich: Das ist gut so! Denn für meine Gesundheit – körperlich, seelisch und geistlich – sind diese Dinge so hilfreich. Es sind Erinnerungshilfen an das, was wahr und wichtig ist. Ob der Herr mein Hirte ist, ich geliebt, gewollt und geadelt bin oder Gottes Segen ganz sicher mit mir ist – die Kaffeetasse am Morgen erinnert mich an genau diese Wahrheiten.

Bei Veranstaltungen von Solo&Co[37], einem Netzwerk für Singles, verteilen die Mitarbeiter immer irgendwelche Produkte aus der Reihe der Kinderschokoladen. Das tun sie nicht, weil die so lecker wären oder so schön verpackt, sondern wegen der Botschaft. Sie nutzen die Kinderschokolade, um den Teilnehmenden zuzusprechen, was Gott uns allen zuspricht:

> *Weil ihr seine Kinder geworden seid, hat Gott euch den Geist seines Sohnes ins Herz gegeben, sodass ihr zu Gott nun „lieber Vater" sagen könnt. Jetzt seid ihr keine Diener mehr, sondern Kinder Gottes. Und als seine Kinder gehört euch alles, was ihm gehört.*
>
> Galater 4,6-7

Das ist für viele, die im Tal „Aufopferung für alle anderen" leben, eine sehr heilsame Botschaft. Und sie erinnern sich gemeinsam immer und immer wieder daran: Wir sind nicht Knechte und Mägde, sondern geliebte Kinder Gottes, die allen Grund haben, sich auch selbst zu lieben. Kinderschokolade als Erinnerungshilfe. Oder, wie sie es nennen: als Identitäts-Erinnerer.

Mit Gottes Augen sehen

Menschen, die sich ihrer Identität bewusst sind, merkt man das an. Jemand, der den dritten Teil des Liebesgebots verinnerlicht hat und tief in sich weiß, dass er geliebt ist, wird die Liebe immer weitergeben. „Liebe dich selbst" ist eine wichtige Grundlage für die Liebe zum Nächsten. Denn es heißt ja: „und deinen Nächsten *wie* dich selbst". Dieser kleine Vergleichspartikel „wie" lenkt den Blick zum Nächsten über mich selbst. In der Liebe zum Nächsten komme ich an mir selbst nicht vorbei – genau das macht das Liebesgebot klar.

> *In der Liebe zum Nächsten komme ich an mir selbst nicht vorbei – genau das macht das Liebesgebot klar.*

Wenn auf mir selbst eine dicke, graue Staubschicht liegt, dann wird auf meiner Nächstenliebe eine mindestens so dicke Staubschicht liegen: vermutlich ein Wust aus Neid und Eifersucht, überschrittenen Grenzen und leeren Schalen. Meine Liebe für mich selbst wird vernebelt sein. Das ist einer der Gründe, warum so viele im Tal „Aufopferung für alle anderen" vor sich hin siechen, anstatt das Leben auf dem Grat zu feiern. Sie haben nie gelernt, die Balance zu halten, die sie für den sicheren Halt oben auf dem Grat der Liebe brauchen. Vielleicht haben sie nie ein „Sehr gut" gehört.

Wenn ich aber aus mir selbst heraus – oder anders gesagt: aus meiner himmlischen Quelle heraus – leuchte, dann liebe ich mit Gottes Herzen, weil ich meinen Nächsten mit Gottes Augen anschauen kann. Das geht, weil ich *mich selbst* vorher mit Gottes Augen angeschaut habe. Weil Gott mich mit seinen Liebe-vollen Augen anschauen durfte. Und diese Augen sehen ein uneingeschränktes „Sehr gut".

Autorin: Daniela Nolte
Jahrgang: 1976
Beruf/Tätigkeit: Zahlenschubserin (Steuerfachwirtin)
Leidenschaften: Leben, Lieben, Lesen, Singen

Liebe ich mich?

Die Frage ist eindeutig des Pudels Kern. Ich war gerade bei einem Seminar zum Thema „Berufung - wissen, wozu ich lebe". Um bei diesem Thema auf die richtige Spur zu kommen, muss ich auch wissen, wo ich stehe, was ich kann, was ich brauche, welches Umfeld ich benötige, um meine Stärken leuchten zu lassen. Dazu muss ich mich kennenlernen und - ganz wichtig: mich lieben lernen. Nur, wenn ich mich liebe und liebevoll mit mir umgehe, kann ich mich Gott weit öffnen, kann ich mich den Menschen weit öffnen und kann ich unendlich viel Liebe weitergeben, weil ich die Liebe von Gott annehmen kann und damit eine unerschöpfliche Quelle anzapfe.

Bin ich liebenswert?

Es gab in meiner Kindheit eine Phase, in der ich mich völlig einsam fühlte. Ich hatte keine „beste" Freundin mehr und auch keine anderen Kinder, die ich als Freunde hätte bezeichnen können. In dieser Zeit setzte sich bei mir das Gefühl fest, dass ich nicht liebenswert bin. Dass keiner mich mag und ich völlig blöd und unangenehm sein muss. Meine Eltern und meine Familie haben mich natürlich geliebt, aber die müssen das ja, das ist ja ein Naturgesetz.

Diese Erkenntnis brannte sich in mir ein: Ich bin nicht

liebenswert, nur lästig, vielleicht aber auch gut genug, um ausgenutzt zu werden. Ein wirklich fieses Gefühl! Davor muss man sich schützen.

Meine Selbstzweifel fraß ich wortwörtlich in mich hinein und baute um mich herum dicke, unsichtbare Mauern auf. Nach außen war ich die Selbstbewusste, Starke, die prima auf eigenen Füßen stehen kann und gerne lacht - denn Heulen hätte die Mauern eingerissen.

Dann kam die Pubertät. Alle um mich herum hatten plötzlich Interesse am anderen Geschlecht. Ich auch. Aber da ich ja nicht liebenswert war, brauchte ich mir keine Hoffnung zu machen. Außerdem war ich dick und unattraktiv. Noch mehr Kummer und Schmerz, den ich wieder in mich hineinfraß. Auch wortwörtlich.

Dann starb eine Freundin mit fünfzehn Jahren, nur neunzehn Tage älter als ich. Wozu sollte ich mich eigentlich um irgendetwas kümmern, wenn mein Leben schon morgen zu Ende sein könnte? Warum sollte ich gegen das Übergewicht kämpfen, wenn ich gleich bei einem Autounfall sterben könnte? Sollte ich da nicht lieber das Leben genießen und mir was gönnen?

Tief verletzt, voll Trauer, Schmerz, Kummer und Einsamkeit saß ich jahrelang als Mensch, der keiner Liebe würdig zu sein schien, hinter meinen dicken und festen Mauern. Inzwischen hatte ich zwar wieder Freunde und sogar eine beste Freundin, die bis heute an meiner Seite ist, doch ich ließ lange niemanden hinter die Mauern blinzeln. Nach außen führte ich ein recht normales und glückliches Leben. Ich hatte und habe einen Beruf, der mir Freude macht. Ich absolvierte sogar eine recht anspruchsvolle Weiterbildung erfolgreich. Ich lachte, weinte, knüpfte neue Bekanntschaften, pflegte Hobbys. Ich war für andere Menschen da und sorgte und kümmerte mich. Empathie und Hilfsbereitschaft waren die einzigen

Stärken, von denen ich wusste, dass ich sie habe. Da ich prima verdrängen konnte, glaubte ich sogar, dass ich ein tolles Leben hätte. Hatte ich ja tatsächlich auch die meiste Zeit. Aber es fehlte immer der letzte Schritt, weil ich es nie geschafft hatte, mich selbst voll und ganz zu lieben.

Meine Sicht auf mich

Ich brauchte sehr lange, um mich ganz langsam, Stück für Stück, mit viel gutem Zureden wieder zu öffnen. Schicht um Schicht. In dieser Zeit fand ich auch wieder einen Zugang zu mir selbst und begann, meine Sicht auf mich selbst zu ändern. Allmählich ließ ich mich selbst mal aus meiner Deckung.

Während dieser Zeit rang ich viel mit mir und stellte mich unter Schmerzen und Freuden einigen Wahrheiten, die mich gelähmt hatten bzw. die ich geleugnet hatte. Sich selbst in Wahrheit zu betrachten, rüttelt an den Grundfesten und ändert den Blick auf einen selbst. Dadurch war zunächst mein Selbstwertgefühl absolut erschüttert. Ich konnte mich nicht selbst lieben. Ich fragte mich, warum ich überhaupt wieder Freunde hatte, da ich doch so eine große Versagerin war. Wieso konnten mich andere lieben? Warum liebte Gott mich? Wieso war ich so wertvoll für ihn? Ich schaffte es ja noch nicht einmal, mein Leben zu retten.

Dann kam noch eine Krise oben drauf. Meine Eltern, über dreißig Jahre verheiratet, trennten sich. Damit waren meine letzte Konstante und mein Ankerpunkt im Leben zerbrochen. Beide Eltern luden einen Teil ihrer Last bei mir ab, und ich fühlte mich für beide verantwortlich. Im Nachhinein weiß ich, dass ich zu dieser Zeit in einer Depression festsaß. Es gab lediglich zwei Menschen, denen ich damals einen Teil meines Kummers zeigte. Wie gesagt, nur einen Teil. Doch schon das machte ihnen riesige Sorgen.

In dieser Phase liebte ich nicht nur mich selbst nicht mehr, sondern kaum noch einen Menschen. Ich war zu diesem Gefühl gar nicht mehr in der Lage. Nach ein paar Wochen hatte ich mir alle Gefühle abgewöhnt und wirkte nach außen fast wieder wie vorher. Nur wenige merkten, dass doch nicht alles im grünen Bereich war, aber ich ließ keinen an mich heran. Jeglicher Fortschritt, meine Mauern abzutragen, war dahin. Ich funktionierte einfach und tat, was man von mir erwartete. Ich reagierte nur noch.

Nach einem guten Jahr konnte ich langsam wieder echte Gefühle zulassen und das Vergangene Schritt für Schritt analysieren.

Zeit des Ringens

Meine Freunde und Familie ließen mir die Zeit und den Raum dafür. Hauptsächlich, weil sie nicht ahnten, wie existenziell mir alles zugesetzt hatte, und weil sie schlicht keine Ahnung hatten, was sie tun sollten. Außerdem hatte ich ja wieder funktioniert, und bei nicht allzu genauer Betrachtung hielt meine Maske wunderbar.

Das Einzige, was mich in der Zeit hatte funktionieren lassen, war meine Gewissheit, dass Gott mich hält und mich nicht verlässt. Und die Treue meiner Freunde, die mich trotz des Rückschritts nicht alleinließen, auch wenn sie nichts direkt tun konnten. Ich schimpfte mit Gott und brüllte ihn an, verbrachte Nächte weinend im Bett und flehte ihn an, doch etwas zu tun, etwas zu ändern. Ich rang mit ihm und mit mir um mein Leben.

Die Zeit des Ringens um mein Leben dauerte gut

sechs Jahre. Es ging nicht nur um die Überwindung der Depression, sondern tatsächlich um mein Leben. Mir wurde mit jedem Schritt der Verarbeitung meines bisherigen Lebens, meiner Erfahrungen und jeder weiteren Herausforderung, die immer neu auf mich zukam, klarer, dass sich an meiner Lebensweise unbedingt etwas ändern musste. Ich wog inzwischen über 300 Kilogramm. Kummer und Probleme in mich hineinzufressen, beherrschte ich in Perfektion. Doch dieses extreme Übergewicht war nicht nur unattraktiv, sondern langsam auch lebensbedrohlich. Ich wollte unbedingt den Weg aus dem Teufelskreis finden. Ich wollte es unbedingt schaffen. Ich allein. Ich war doch klug. Ich hatte doch das theoretische Wissen. Es musste doch wohl möglich sein!

Ich bat Gott um Stärke dafür, doch er schenkte sie mir nicht. Warum nicht? Was sollte das denn? Ich dachte, er würde mich lieben – und ich wollte doch etwas verändern!

Irgendwann kam der Punkt, an dem mir zwei Freundinnen unabhängig voneinander sagten, dass ich doch bitte etwas für mich tun solle, sie wollten nicht in zwei, drei Jahren an meinem Grab stehen. An dem Punkt war ich innerlich absolut am Ende. Ich wollte doch auch leben. Egal, was ich erlebt hatte – das Leben ist doch einfach genial. Ein tolles Geschenk!

Das Leben ist ein Geschenk!

Aber ich stellte mir und Gott Fragen: „Gott, warum muss ich mit dir um dein Geschenk ringen? Gott, ich kann nicht mehr! Ich bin am Ende! Vater, ich weiß nicht mehr weiter. Bitte hilf mir und übernimm das Ruder. Ich schaffe es nicht allein."

Ich kapitulierte schließlich und streckte alle Waffen.

Ich war ganz unten, völlig ratlos und hilflos. Da endlich sah ich es von der richtigen Seite. Nicht, wie ich will, sondern wie Gott will.

Eigentlich ganz einfach, oder?

Als ich endlich kapiert hatte, dass ich den Weg nicht allein gehen muss, dass Gott mir den Weg weist, dass es in Ordnung ist, wenn ich mir helfen lasse, entfaltete sich mein Leben wieder. Ich fing an, mich wieder neu zu entdecken. Ich nahm Hilfe in Anspruch, um am Leben zu bleiben. Ich lernte endlich, mich zu lieben.

Das Leben ist ein Geschenk!

Das heißt aber leider nicht, dass ich nicht immer mal wieder vor alten Problemen stehe. Dass jetzt alles von allein läuft. Dass ich nicht immer mal wieder an mir zweifle. Das heißt auch nicht, dass ich alle alten Verhaltensmuster abgelegt hätte.

Es heißt, dass ich weiter gut auf mich aufpassen und weiter horchen muss, was Gott mit mir vorhat. Ich habe gelernt, schneller zu erkennen, wenn etwas schiefläuft. Ich habe erkannt, dass man jede Hilfe annehmen darf. Das ist keine Schwäche! Ich muss jeden Tag neu den Schritt tun, mich zu lieben. Es fällt mir an manchen Tagen leichter als an anderen, doch ich ringe derzeit nicht wortwörtlich um mein Leben.

Mein Leben liegt in Gottes Hand. Ich vertraue ihm. Ich bin ein Königskind. Ich bin von Gott geliebt. Ich bin meistens von mir geliebt.

Daniela bedeutet „Mein Richter ist Gott". Und das heißt: Ich richte nicht über andere. Andere richten nicht über mich. Und auch: Ich richte nicht über mich. Ich bin in Gottes Gnade. Er hat mich bei meinem Namen gerufen! Eine Herausforderung, der ich mich stelle. Jeden Tag neu.

Wir alle

Darum geht es in diesem Buch: um himmlisches Liebesgeflüster zwischen Gott, meinem Nächsten und mir; um einen Liebeskreislauf, der Leben schenkt – wenn er nicht gestört wird. Ein dickes Herz um uns alle herum!

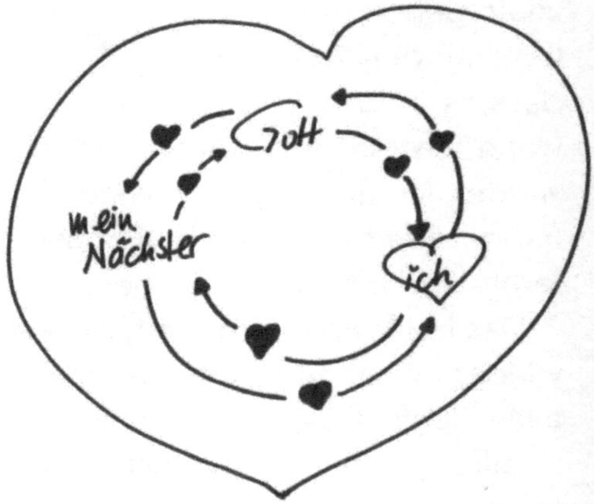

Erinnern Sie sich an das Herz mit Händen? Daran, dass es in Sachen Liebe auch immer ums Tun geht? Jesus selbst macht das sehr deutlich in dem biblischen Abschnitt, um den sich dieses Buch dreht: *„Tu das, und du wirst leben"* (Lukas 10,28; NGÜ) und *„So geh hin und tu desgleichen!"* (Lukas 10,37; LUT) sagt er, als er das Liebesgebot erklärt und es anschließend mit einem sehr praktischen Beispiel beschreibt – mit der Geschichte des barmherzigen Samariters.

Mir gefällt das. Denn diese zwei Aufforderungen, „tu das" und „geh hin und tu", spiegeln eine Entdeckung meines Lebens wider, die gleichzeitig so *ent*mutigend und *er*mutigend ist.

*Ent*mutigend ist, dass ich nicht immer etwas und nicht alles tun kann, dass ich niemals auf einmal und ein für alle Mal ein „Wir alle“ hinbekommen werde. Ich werde nicht mit einer einzigen Predigt den Liebeskreislauf bei allen und für immer in Schwung bringen. Ich bezweifle oftmals sogar, dass ich überhaupt auch nur ein Menschenleben ändern und zur dreifachen Liebe motivieren könnte. Manchmal wünschte ich mir das – aber dies ist nicht die Realität meines Lebens. Leider.

Schließlich lande ich bei der zutiefst *er*mutigenden Tatsache – bei einer Wahrheit, die ich als Coach und Trainerin sehr oft vermittle, auch mir selbst übrigens: Wenn ich meine, nichts tun, nichts ändern zu können – keine Umstände, keine Schwierigkeiten, keine anderen Menschen und auch die Welt nicht –, kann ich eines immer tun: Mich selbst kann ich ändern. Mich selbst kann ich immer zur Liebe mahnen und motivieren. Meine eigenen Hände kann ich immer in Bewegung bringen. Mein eigenes Herz kann ich immer mit der Liebe Gottes füllen lassen, sodass es eine Quelle der himmlischen Liebe für viele andere wird. In Afrika sagt man: „Wenn viele kleine Leute an vielen kleinen Orten viele kleine Dinge tun, können sie das Gesicht der Welt verändern.“ Meine Erfahrung sagt: Das stimmt. Denn die Welt ist nie so, wie sie ist; sie ist immer so, wie ich bin.

Mein eigenes Herz kann ich immer mit der Liebe Gottes füllen lassen, sodass es eine Quelle der himmlischen Liebe für viele andere wird.

Manchmal erzähle ich in Seminaren die Geschichte vom alten Mann, der vor dem Tor seiner Stadt saß und beobachtete, wer da ein- und ausging (die genaue Herkunft kenne ich leider nicht).

Irgendwann einmal blieb ein Fremder stehen und sprach ihn an: „Du kannst mir sicher sagen, wie die Menschen in dieser Stadt sind?“ Der Weise sah ihn freundlich an und fragte: „Wie waren sie dort, wo du herkommst?“ – „Freundlich, hilfsbereit und großzügig. Sehr angenehme Men-

schen!", antwortete der Fremde. „Genauso sind sie in dieser Stadt!", entgegnete daraufhin der Weise. Das freute den Fremden, und mit einem Lächeln ging er durch das Tor. Später kam ein anderer Fremder an ihm vorbei: „Sag mir, wie sind die Menschen in dieser Stadt?" Der Weise fragte auch ihn: „Wie waren sie dort, wo du zuletzt warst?" – „Furchtbar! Unfreundlich und arrogant. Deshalb bin ich ausgezogen!" Der weise Mann antwortete: „Ich fürchte, so sind sie auch in dieser Stadt!"

Wir sehen die Welt nie so, wie sie ist, sondern so, wie wir sind. So ist sie dann auch zu uns. Oder, wie mir jemand einmal sagte: Wie man in den Wald hineinruft, so schallt es heraus.

Wie gehen Sie durch Ihre Welt? Freundlich, hilfsbereit, großzügig und mit einem Lächeln im Gesicht? Oder unfreundlich und arrogant?

An dieser Stelle des Buches gilt es, eine Entscheidung zu treffen: für die Liebe. Oder gegen sie. Rufe ich die Liebe in den Wald, so schallt sie heraus. Auf mich zu.

Was rufen Sie in diese Welt? Was wollen Sie hören? Rufen Sie das, was Sie gerne hören und erleben wollen?

Ich habe gelernt, dass ich für das Glück – und auch für die Liebe! – meines Lebens zu einem guten Teil selbst verantwortlich bin. Eine weitere sehr wichtige Erkenntnis meines Lebens ist: Ich habe immer die Fähigkeit zum Lernen. Bis zu meinem letzten Atemzug. Ist das nicht eine wunderbare Idee Gottes? Meine Fähigkeit zum Lernen birgt auch die Fähigkeit zur Veränderung. Bis zu meinem letzten Tag auf dieser Erde ist es mir möglich, an den Stellschrauben meiner Persönlichkeit zu drehen, mein Denken zu ändern und Verhaltensweisen anzupassen.

Wenn ich es will.

Das ist eine Entscheidung. Eine Entscheidung, die meine Welt verändern kann. Und wenn ich mich ändere, ändere ich mindestens auch meine Welt. Und wenn ich dies hartnäckig und ausdauernd genug tue, dann ändere ich einen ganzen Teil der Welt; ich habe also wirklich die Chance, der Welt ein anderes Gesicht zu geben.

Wenn wir alle die Entscheidung für die Liebe träfen – stellen Sie sich das einmal vor! Ach so, ja, wir fühlen uns dazu ja gar nicht in der Lage. Die Zweifel bohren schon, spüren Sie das auch?

Wie sollte ich das schaffen? Wie sollte ich diese vielen Herzen malen, diese himmlischen Liebeskreise ziehen? Wie sollte ich das schaffen, ich – mit allen meinen menschlichen Begrenzungen, meinen Verfehlungen, meinen Zweifeln, Sorgen, Ängsten und Nöten? Mit all dem, was ich nicht schaffe? Mit meinem Unglauben? Mit meinen schlechten Erfahrungen? Wie sollte das gehen?

Ich bin so dankbar, dass Gott Antworten für mich hat. Er lässt mich nicht einsam und allein vor dieser großen Aufgabe stehen, vor diesem „*Tu das, und du wirst leben*" (Lukas 10,28; NGÜ) und dem „*So geh hin und tu desgleichen!*" (Lukas 10,37; LUT). Der Liebeskreislauf hat ja einen Anfang: bei Gott. Er ist die einzige Quelle der Liebe. Aus ihr speist sich meine kleine Quelle für diese Welt.

Ich brauche das gar nicht schaffen. Ich brauche nur die Entscheidung treffen, dass ich mich lieben lassen will.

Ich brauche das gar nicht schaffen. Ich brauche nur die Entscheidung treffen, dass ich mich lieben lassen will. Wenn Gottes Liebe mich trifft – und das wird sie, wenn ich meine Sinne dafür öffne: durch ein Wort oder ein Lächeln, ein Plakat, die Vielfalt an Farben in einem Sonnenuntergang, eine unverhoffte Umarmung oder eine andere heilige Berührung –, dann werde ich automatisch zurückbleiben. Und Gott selbst kommt mir entgegen. Nichts macht mir das deutlicher als eine Begebenheit vor rund 2000 Jahren.

Gott stellt sich auf meine Stufe

Die paar Jahre, in denen Jesus auf der Erde seinen Dienst in der Öffentlichkeit tat, waren geprägt von viel Aufruhr. Denn Jesus hatte damals viele Schüler. Einer von ihnen war Simon Petrus, ein Fischer. Bei seiner ersten Begegnung mit Jesus, dem Revoluzzer, forderte dieser ihn auf, ihm nachzufolgen. Simon Petrus ließ alles stehen und liegen und ging mit. Es dauerte nicht lange, da war Simon Petrus mittendrin in diesen Abenteuern, die die Schülerschar von Jesus erlebte. Und Simon Petrus war ein ganz Eifriger. Mehr als einmal sagte er ganz begeistert zu Jesus: „Für dich würde ich sogar sterben!“ Jesus sah das stets gelassen. Und er machte Simon Petrus klar, dass er sein Versprechen vermutlich nicht werde halten können.

Die religiösen Führer von damals machten sich Sorgen wegen Jesus. Denn er zog die Massen an und stiftete Unruhe. Das gefiel ihnen nicht. Jesus musste weg.

Vielleicht wissen Sie, wie die Geschichte weitergeht: Jesus wurde verhaftet, verprügelt, zum Tod verurteilt. Die damalige Elite schaffte ihn aus dem Weg, damit wieder Ruhe im Land einkehren konnte.

Simon Petrus, der Schüler mit der großen Klappe, war die ganze Zeit über an der Seite von Jesus. Bei der Verhaftung seines Lehrers hackte er heldenhaft einem der Soldaten ein Ohr ab. Schließlich wurde Jesus dem obersten jüdischen Gericht vorgeführt und Simon Petrus versuchte, immer in seiner Nähe zu bleiben.

Und dann kam es, wie es kommen musste – Simon Petrus

wurde von den umherstehenden Leuten gefragt: „Kennst du den eigentlich?“

Drei Mal wurde er gefragt – und drei Mal antwortete er angstbeladen: „Nein, ich kenne diesen Mann nicht!“ Es kam genauso, wie Jesus es vorausgesagt hatte: Simon Petrus verleugnete Jesus. Der, der für Jesus sterben wollte, wollte ihn plötzlich nicht einmal mehr kennen.

Dann kommen die ganzen Geschehnisse, die ich als Christin heute während der Ostertage feiere: Jesus wurde gekreuzigt, begraben, und er stand von den Toten auf. Diese Tage waren für die Schüler von Jesus eine emotionale Achterbahnfahrt. Die meisten hatten keine Ahnung, wie es weitergehen sollte, auch mit der Botschaft der Liebe, die ihr Lehrer immer gepredigt hatte.

Und dann kam dieser Morgen am See Genezareth. Einige der Schüler von Jesus taten das, was sie immer getan hatten: Sie fischten. Auch Simon Petrus fischte.

Plötzlich stand Jesus am Ufer des Sees, servierte ihnen ein Frühstück und hielt ein bisschen Small Talk mit seinen Jungs. Irgendwann an diesem Morgen nahm er Simon Petrus zur Seite. Die beiden hatten noch was zu klären. Und dann folgte dieser Dialog:

Nach dem Frühstück sagte Jesus zu Simon Petrus: „Simon, Sohn des Johannes, liebst du mich mehr als die anderen?“ „Ja, Herr“, erwiderte Petrus, „du weißt, dass ich dich lieb habe.“ „Dann weide meine Lämmer“, sagte Jesus. Jesus wiederholte die Frage: „Simon, Sohn des Johannes, liebst du mich?“ „Ja, Herr“, antwortete Petrus, „du weißt, dass ich dich lieb habe.“ „Dann hüte meine Schafe“, sagte Jesus. Noch einmal fragte er ihn: „Simon, Sohn des Johannes, hast du mich lieb?“ Petrus wurde traurig, weil Jesus die Frage zum dritten Mal stellte, und sagte:

„Herr, du weißt alles. Du weißt, dass ich dich lieb habe." Jesus sagte: „Dann weide meine Schafe."

Johannes 21,15-17

Dreimal hatte Simon Petrus Jesus verleugnet – und drei Mal musste er sich nun diese Frage von Jesus gefallen lassen: „Liebst du mich?" Jesus benutzte dabei das Wort für Liebe, das die Liebe Gottes zu mir als Mensch beschreibt: das griechische Wort *agapao*. Petrus traute sich offenbar nicht, mit eben diesem Wort zu antworten. Er antwortete etwas unverbindlicher und nicht ganz so heilig mit: „Ja, ich habe dich lieb" – das griechische Wort für Liebe bei ihm ist *phileo*. Es meint die brüderliche Liebe.

Zwei Mal ging das so. Göttliche Liebe gegenüber brüderlicher Liebe.

Beim dritten Mal änderte Jesus sein Wort für die Liebe und fragte Simon Petrus: „Hast du mich lieb?"

Diese kleine Änderung des Verbs im Griechischen ist mir irgendwann einmal aufgefallen – und sie begeistert mich seither. Denn dies bestätigt das, was ich ja eh schon weiß, seit Jahrzehnten an Weihnachten feiere, aber sooft nicht glauben kann: Jesus stellt sich auf meine Stufe. Gott kommt zu mir herab. Er begegnet mir mit seiner himmlischen Liebe – und zwar auf allen Ebenen. Und er freut sich, wenn ich mit meiner brüderlichen Liebe reagiere.

Jesus stellt sich auf meine Stufe. Gott kommt zu mir herab. Er begegnet mir mit seiner himmlischen Liebe - und zwar auf allen Ebenen.

So tat es auch Simon Petrus, als er drei Mal sagte: „Ja, ich habe dich lieb!"

An dieser Geschichte wird mir vieles klar.

Egal, was ich angestellt habe – selbst wenn ich Jesus verleugnet und ihm die Freundschaft gekündigt habe: Er bittet mich, ihn zu lieben. Trotzdem zu lieben. Immer noch zu lieben. Wieder zu lieben. Jesus lässt mich nicht los. Im Gegenteil, er geht auf mich zu, nimmt mich liebevoll zur Seite und fragt, ob ich ihn liebe.

Und ich darf mit „Ja“ antworten! Immer und trotzdem und immer wieder. Ich darf Jesus lieben, weil seine Liebe zu mir niemals endet. Ich kann nichts tun, dass Jesus mich weniger liebt. Ich kann auch nichts tun, dass er mich mehr liebt.

Meine Liebe zu ihm wird sich in meinem Leben zeigen. In meinem Denken, in meinem Tun, in meiner Weltsicht, in meinen Entscheidungen. Die Liebe von Jesus und meine Liebe zu ihm geben meinem Herzen die Hände. Das passiert ganz automatisch. Wenn die Liebe von Jesus in meinem Herzen lebt, dann wird mein Blick freundlich sein, und mein Ruf in die Wälder dieser Welt wird Liebe-voll sein.

Am Anfang steht das Angebot von Gott und seine Frage: „Hast du mich lieb?“ Es ist meine Entscheidung, zu antworten. Bedenken Sie: Sie entscheiden sich in jedem Fall. Ob sie antworten oder nicht – beides ist eine Antwort, eine Entscheidung. Ihre Entscheidung. Und die hat Konsequenzen.

Entscheiden Sie sich, Netze der Liebe zu knüpfen
und den Liebeskreislauf leben zu lassen?

Ich schätze den früheren Papst Benedikt XVI. als Theologen sehr. Seine Ausführungen zum Thema „Liebe in Wahrheit“ habe ich mit Freude gelesen, besonders diesen Abschnitt:

> *Caritas [lat. Liebe, Nächstenliebe; Anm. d. A.] ist empfangene und geschenkte Liebe. Sie ist „Gnade“ (cháris). Ihre Quelle ist die ursprüngliche Liebe des Vaters zum Sohn im Heiligen Geist. Sie ist Liebe, die vom Sohn her zu uns herabfließt. Sie ist schöpferische Liebe, aus der wir unser Sein haben; sie ist erlösende Liebe, durch die wir wiedergeboren sind. Sie ist von Christus offenbarte und*

verwirklichte Liebe (vgl. Johannes 13,1), „ausgegossen in unsere Herzen durch den Heiligen Geist" (Römer 5,5). Als Empfänger der Liebe Gottes sind die Menschen eingesetzt, Träger der Nächstenliebe zu sein, und dazu berufen, selbst Werkzeuge der Gnade zu werden, um die Liebe Gottes zu verbreiten und Netze der Nächstenliebe zu knüpfen.[38]

Das Wesen der Liebe

Empfangene und geschenkte Liebe – darum geht es in diesem Buch. Sie ist der Ursprung des Liebeskreislaufs. Gott ist der Schöpfer aller Liebe. Und er ist der, der sie bedingungslos und endlos zur Verfügung stellt und in mein Herz ausgießt, sodass Liebe-volles Leben möglich wird. Ich muss es nicht schaffen, ich brauche nur die Entscheidung treffen, die Liebe annehmen und durch mich hindurchfließen zu lassen. Dann funktioniert das mit der Liebe zwischen Gott, meinem Nächsten und mir.

Und diese Liebe ist so herrlich umfassend!

Einer der Texte, der diese Liebe in einzigartiger poetischer Weise beschreibt, steht im ersten Brief an die Korinther in Kapitel 13. Diese Zeilen werden häufig während Trauungen verlesen, weil sie die Liebe so wunderbar spiegeln. Dabei ist das kein Text nur für Brautpaare, sondern einer für uns alle:

Liebe ist geduldig, Liebe ist freundlich. Sie kennt keinen Neid, sie spielt sich nicht auf, sie ist nicht eingebildet. Sie verhält sich nicht taktlos, sie sucht nicht den eigenen Vorteil, sie verliert nicht die Beherrschung, sie trägt keinem etwas nach. Sie freut sich nicht, wenn Unrecht geschieht, aber wo die Wahrheit siegt, freut sie sich mit. Alles erträgt sie, in jeder Lage glaubt sie, immer hofft sie, allem hält sie stand. Die Liebe vergeht niemals.

1. Korinther 13,4-8a (NGÜ)

Diese Worte schreibt der Apostel Paulus an eine noch recht junge Gemeinde im heutigen Griechenland. Aus dem Brief wird deutlich: Die Leute in dieser Gemeinde engagieren sich vielfältig, sie tun eine Menge und meinen es sehr gut. Aber ihnen fehlt etwas: die Liebe. Paulus macht klar: Ihr könnt tun und lassen, was ihr wollt – sei es mit den besten Absichten! –, aber wenn euch dabei die Liebe fehlt, wenn ihr das alles Lieb-los tut, dann lasst es besser. Denn dann ist das alles mehr Schall und Rauch, viel Lärm um nichts – schlicht nutzlos, oft sogar schädlich.

Was für eine tröstende, ermutigende und anspornende Wahrheit: Die Liebe bleibt!

Die Liebe erst macht alles rund. Und die Liebe, wie sie von Gott kommt und wie ich sie weitergeben soll, die zeigt sich ganz konkret: in Geduld, Freundlichkeit, ohne Neid und Einbildung, ohne Hochmut und Aufgeblähtheit, dafür mit viel Taktgefühl, dazu selbstlos, beherrscht und besonnen und nicht nachtragend. Und die Liebe freut sich! An der Wahrheit, aber nicht am Unrecht. Und dann tut die Liebe ein Vierfaches: Sie erträgt, glaubt, hofft und hält allem stand.

Wie wäre das, wenn Sie einmal statt „Liebe" Ihren Namen einsetzten? Wie klänge das in Ihren Ohren? Wo gelingt das, wo brauchen Sie mehr Übung, wo scheitern Sie bisher vollkommen? Denken Sie an Simon Petrus: Wie oft wir auch versagen, Gott fragt uns immer wieder: „Hast du mich lieb?" – und er nimmt unsere Antwort immer und immer und immer wieder gerne.

Am Ende dieses Abschnitts kommt dann der Paukenschlag: Die Liebe vergeht niemals. Andersherum gesagt: Die Liebe bleibt. Was für eine tröstende, ermutigende und anspornende

Wahrheit: Die Liebe bleibt! Gottes Liebe bleibt, seine Quelle versiegt niemals. Und wenn ich die Liebe habe und aussäe, dann wird sie auch bleiben.

Es geht ums Leben

Es gibt eine Liedzeile, die ich jahrelang gesungen und nicht verstanden habe. Der Kanadier Brian Doerksen hat in seinem Lied *Come, now is the time to worship* ganz am Ende gedichtet: *„Still the greatest treasure remains for those, who gladly choose you now"* – frei übersetzt heißt das: *„Doch der größte Schatz bleibt für die bestehen, die sich jetzt schon für dich entschieden haben."* Lange habe ich mich gefragt, von welchem Schatz hier die Rede ist. Denn, so diese Liedstrophe, ich müsste ihn ja haben. Meine Entscheidung für Jesus steht schon lange. Also, was ist dieser Schatz?

Ich weiß noch, wie ich dieses Lied während meiner Bibelschulzeit in Kanada sang und mir auf einmal klar war: Dieser Schatz ist mein Glaube – und die damit verbundene Entspannung, die Schönheit, der Frieden und die Liebe meines Lebens. Meines Lebens, das ewig ist. So, wie die Liebe. Es ist das, was jeder mit einer Entscheidung erst auf dem Sterbebett verpasst. Besser spät als nie entscheiden, ja. Aber ich habe das ewige Leben schon jetzt! Und dieses Leben ist voll von Liebe. Wenn ich mich dafür entscheide.

Erinnern Sie sich an den Gesetzeslehrer, der Jesus fragte, was er tun müsse, um ewiges Leben zu empfangen? Jesus antwortete mit der Frage, was er dazu im Gesetz lese. Dieser antwortete mit dem Doppelgebot der Liebe, das die dreifache Liebe beinhaltet: Gott lieben, den Nächsten und mich selbst. Daraufhin sprach Jesus ein Lob aus und sagte: *„Tu das, und du wirst leben"* (Lukas 10,28; NGÜ).

Bei der Liebe geht's ums Leben.

Um ein besseres, angenehmeres, Liebe-volleres Leben. Eines voller Geduld, Freundlichkeit, ohne Neid und Einbildung, ohne Hochmut und aufgeblähtem Verhalten, dafür mit viel Taktgefühl, dazu selbstlos, beherrscht und besonnen und nicht nachtragend. Und mit viel Freude! Es geht um ein Leben, das alles erträgt, glaubt, hofft und allem standhält.

Können Sie sich so ein Leben vorstellen? Nein? Dann probieren Sie es doch aus. Steigen Sie in den himmlischen Liebeskreislauf ein. Lieben Sie Gott. Lieben Sie Ihren Nächsten. Lieben Sie sich. Und staunen Sie, was passieren wird. Wie lebendig Ihr Leben werden wird. Was für einen Unterschied Sie selbst merken werden bei sich selbst – und andere bei Ihnen. Wie sich Ihr Umfeld, Ihre Welt verändern wird. Auch Ihr Blick auf diese Welt. Fangen Sie bei sich an und staunen Sie, welche Kreise der Liebeskreislauf ziehen wird.

Liebe ist alles

Bei der Liebe geht es aber nicht nur um ein schöneres Leben hier und jetzt. Liebe ist mehr – sie ist alles:

> *Für die Kirche ist – vom Evangelium her – die Liebe alles, denn, wie uns der heilige Johannes lehrt (vgl. 1Johannes 4,8.16) und ich in meiner ersten Enzyklika in Erinnerung gerufen habe: „Gott ist Liebe" (Deus Caritas est): Aus der Liebe Gottes geht alles hervor, durch sie nimmt alles Gestalt an, und alles treibt ihr zu. Die Liebe ist das größte Geschenk, das Gott den Menschen gemacht hat, sie ist seine Verheißung und unsere Hoffnung.*[39]

Bei der Liebe geht es auch um das ewige Leben: um Verheißung und Hoffnung. Nichts kann in dieser Welt mehr Veränderung stiften als die Liebe, als Sie und ich – als mit Liebe erfüllte Menschen, deren Herzen Hände haben. Die Zeigefinger dieser Hände weisen auf die Ewigkeit hin.

„Tu dies, und du wirst leben" ist eine Verheißung auf den Schatz des irdischen Lebens und auf das, was über diese Welt hinausgeht. Und genau dies ist der Schatz, den ich habe, wenn ich mich jetzt schon entschieden habe, mit Jesus zu gehen. Wenn ich jetzt schon seine Liebe-volle Frage „Hast du mich lieb?" mit: „Ja, ich habe dich lieb" beantworte.

Dann folgt übrigens auch seine Aufgabe an mich: *„Sorge für meine Schafe!"* (Johannes 21,17; NGÜ). Meine Liebe zu Jesus wird sich in meinem Leben, auch in meinem Tun, zeigen. Mein Herz bekommt Hände. Diese Hände sind in der Lage, alles anzupacken – und sie werden es fortan mit Liebe tun.

Mein Herz bekommt Hände. Diese Hände sind in der Lage, alles anzupacken - und sie werden es fortan mit Liebe tun.

Lass die Liebe fließen

Der Liebeskreislauf lebt und fließt.

Und unterliegt immer wieder zahlreichen Störungen. Glaube ich wirklich, dass Gott mich liebt? Bedingungslos? Gott und ich – das ist die Basis des Liebeskreislaufs. Er hat damit angefangen – der Schöpfer der Liebe gießt seine Liebe in mein Herz aus! Nehme ich dieses Geschenk an? Der Liebeskreislauf wird von Zweifeln gedrückt.

Habe ich wirklich gute Gründe, Gott zu lieben? Meine Mutter ist viel zu früh gestorben, meine Frau hat mich verlassen, mein Kind ist so krank, ich bin immer noch Single … ! Die Zweifel, dass Gott es gut mit mir meint, nagen an vielen Stellen. Der Liebeskreislauf hat schmerzhafte Knoten.

Das kann ja wohl nicht sein, dass Gott uns alle gleich lieb

hat! Wie sollen wir das schaffen, das „Wir schaffen das"? Scheinbar Unmögliches kneift den Liebeskreislauf und stört seinen Fluss.

Das mit der Liebe ist in der Theorie so eine schöne, runde Sache. Aber in der Praxis? Die anderen sind so anders als ich! Wie soll ich das aushalten? Die Lebenspraxis dämpft den Fluss des Liebeskreislaufs.

Ich soll ein gutes Beispiel für die Liebe sein? Wie denn bitte auch das noch? Ich komme ja selbst kaum klar. Authentisch leben? Meine Tränen, meine Zweifel, meine Sorgen, meine Ängste zeigen? Mich im Dienst für andere vor mir selbst verstecken ist doch eine gute Taktik! Diese Taktik stört den Liebeskreislauf? Die Liebe kann nicht zu mir durchdringen, weil ich dicke Mauern um mich aufgebaut habe? Kann ich auch nicht ändern, diese Mauern sind halt da. Und ich brauche sie als Schutzwall! Ich mag mich eben nicht sehr. Und mit mir umgehen kann ich auch nicht gut.

Der Liebeskreislauf hat viele Ecken und Kanten zu umschiffen. Aber, wie das bei Flüssen ist: Sie bahnen sich über die Zeit ihren Weg, selbst durch dickstes Gestein beißen sie sich durch. Die Frage ist, ob ich Staudämme und Windungen vorher durchbreche, sodass die Liebe besser fließen kann.

Im Leben hängt alles von Entscheidungen ab. Auch die Liebe hängt von meiner Entscheidung ab.

Im Leben hängt alles von Entscheidungen ab. Auch die Liebe hängt von meiner Entscheidung ab: Will ich – oder will ich nicht? Will ich die Liebe in meinem Leben willkommen heißen? Und mit der Liebe alles und jeden – so wie Christina Brudereck einmal in Worte fasste:

Heißt einander willkommen. Wie Christus. Mich selbst. Mein Leben. Meinen Mann, meine Frau. Unsere Kinder. Die Geschwister. Und, auch das noch: die Fremden. Die,

die Asyl suchen. Die, die zu dir fliehen. Die anderen. Die Andersdenkenden. Die Fremdlinge. Sogar die Feinde. Es bedeutet zunächst: das Fremde in dir selber zu lieben. Das, was du noch nicht magst an dir, nicht akzeptieren willst. Was dir vielleicht sogar Angst macht. […] Und das Fremde, Unverständliche zu lieben an deiner Frau, deinem Mann. Das, was dir immer wieder Kopfschütteln abverlangt. Mehr noch: was du ablehnst. Was du wirklich nicht verstehst. Ebenso an deinen Kindern. Wenn du dich fragst, ob sie vielleicht doch auf der Geburtsstation vertauscht wurden. Woher hat der das, hat sie das bloß? Nicht von uns. Und das Befremdliche an deinen Glaubensgeschwistern. Die andere Lieder singen. Anders mit der Bibel umgehen. Die tolerieren, was du verboten findest. Oder verbieten, was du für bedeutend hältst. Pfingstler, Katholikinnen, Brüdergemeindler, feministische Theologinnen. […] Ich bin überzeugt: Wenn Jesus das so sagt, dann hält er es für möglich! Ja, er hält es tatsächlich für möglich, denkbar, erlebbar, tubar, erreichbar. Dass wir lieben. Frieden stiften. Verzeihen. Zusammenleben.[40]

Ja, ich halte das auch für möglich: dass wir lieben. Ich habe die beste Voraussetzung, nämlich die unversiegbare Quelle Gottes, die mich immer und immer wieder mit Liebe füllt, sodass sie durch mich durchfließt, für mich und für andere. Diese Liedstrophe von Manfred Siebald liegt mir schon wieder in den Ohren; vermutlich, weil ich sie sicher in meinem Herzen abgespeichert habe: *„Nimm Gottes Liebe an. Du brauchst dich nicht allein zu müh'n, denn Gottes Liebe kann in deinem Leben Kreise zieh'n. Und füllt sie erst dein Leben, und steckt sie dich in Brand, gehst du hinaus, teilst Liebe aus, denn Gott füllt dir die Hand."*[41]

Der Liebeskreislauf meines Lebens ist ein Teil des großen Ganzen.

Nichts will ich mehr, als dass Gottes Liebe in meinem Leben, im Leben anderer und in dieser Welt Kreise zieht. Der Liebeskreislauf meines Lebens ist ein Teil des großen Ganzen. Ich bin ein Teil von „wir alle". Sie sind ein Teil von „wir alle".

Ist Ihnen bewusst, dass das Glück dieser Welt – auch Ihrer Welt! – an Ihrer Entscheidung hängt?

Was wäre, wenn?

Am Ende dieses Buches frage ich mich, was passieren würde, wenn die Liebe ungestört kreisen könnte. Vermutlich dieses:

Meine Beziehung zu mir selbst wäre entspannter. *Ich mit mir* – das würde richtig gut laufen. Ich müsste mich nicht mehr beweisen müssen, sondern könnte jeden Tag immer wieder in der Liebe Gottes baden und wissen: Alles ist gut. Alles ist gut gemacht worden, für mich. Alles wird einmal gut.

Die Beziehung von anderen zu Gott hätte eine echte Chance, weil sie mich nicht mehr für meinen seltsamen Glauben belächeln, sondern staunen würden, wie ich meinen Frust rauslasse, gefolgt von einem Loblied – das alles auf den Knien sitzend vor meinem Gott. *Die anderen und Gott* hätte echt eine Chance, und ich würde dazu beitragen.

Meine Beziehungen – zu Eltern, Geschwistern, zum Ehepartner, zum Lebenspartner, zu Kindern, Freunden, Freunden der Kinder, Kollegen, Geschäftspartnern, Kunden, Patienten, Klienten und so weiter – wären ehrlicher, entspannter, Liebe-voller. Man würde mich viel lieber mögen, weil man wüsste: Von Tina kommen Ehrlichkeit, Mut und Freude, kein Neid und kein aufgeblähtes Rumgetue. Sie trägt nichts nach, aber sie trägt alles, glaubt immer, hofft alles und hält den Widrigkeiten des Lebens stand. Bei ihr findet man immer eine Portion himmlischer Liebe. *Die anderen und ich* – das wäre eine herzliche Liebesgeschichte!

Ich würde immer noch traurig, aber viel bewusster auf die wunden Punkte dieser Welt und meiner Welt schauen. Ich würde immer noch darüber weinen, dass so viele Menschen flüchten müssen, so viele Menschen arbeitslos sind, so viele Menschen so schlimmes Leid und so fiese Krankheiten und Verletzungen ertragen müssen. Aber ich wüsste in meinem Herzen sehr tief, dass alles in Ordnung kommen wird. Am Ende wird alles gut. Mein Gott hat es mir versprochen. Und ich mache mit, dass alles jetzt schon ein bisschen leichter wird. *Ich und die anderen* – das wäre noch so eine herzliche Liebesgeschichte.

Ich würde immer noch – vielleicht sogar viel häufiger – vor Gott treten mit einem Baseballschläger in der Hand, bereit draufzuhauen, vor lauter Schmerz und Unverständnis. Vermutlich würde ich es immer noch manches Mal tun. Und er würde es immer wieder ertragen. Wie damals am Kreuz. Ich würde aber auch immer noch und immer wieder meine Loblieder singen und meine Fürbitten vortragen und fragen, wozu ich das tue: Hört er wirklich? Liebt er wirklich? In mir würde sich dieses himmlische Wissen festsetzen: Ja, er hört. Und ja, er liebt. *Ich und Gott* – das wäre eine Geschichte voller Mut und Glauben. Am Anfang stünde meine Entscheidung. Vielleicht sogar immer wieder.

Ich würde immer noch Geschichtsbücher, Zeitungen und Internet-Postings lesen und mich fragen, warum dieser liebende Gott das alles zulässt. In meinem Herzen würde ich wissen, dass ich keine Antworten auf alle meine Fragen brauche, dass meine Fragen aber in seinen Händen gut aufgehoben sind. Der Friede und diese tiefe

Ich mag den Indikativ viel lieber – als Indikator für die Liebe, die kreist.

Liebe würden immer wieder mein Herz durchströmen. *Gott und ich* – damit finge alles an.

Wissen Sie was? Ich habe entschieden, nicht mehr mit Konjunktiven zu leben. Ich mag den Indikativ viel lieber – als Indikator für die Liebe, die kreist.

Die Welt wäre eine andere, träfen wir alle diese Entscheidung. Wie entscheiden Sie sich?

Autor: Michael Stahl
Jahrgang: 1970
Beruf/Tätigkeit: Selbstverteidigungstrainer und Autor
Leidenschaften: Jesus, Familie, Natur, Fußball und Quatsch machen

Gott ist Liebe

Da stand ich nun auf dem Bahngleis. Tausend Fragen in meinem Kopf. Ein Wirrwarr aus Schmerzen und unendlicher Ablehnung. Warum traf es so oft mich? Warum hatte ich den einzigen Papa in der Klasse, der nicht arbeitete? Warum war ich der einzige Junge in dieser Klasse, der kein eigenes Zimmer hatte und somit noch bei seinen Eltern im Schlafzimmer schlafen musste? Warum hatte ich kein Fahrrad? Warum wohnten wir im ältesten Haus des Dorfes? Warum spuckte mich mein Vater ins Gesicht? Warum nahm mein Vater mich mit auf seine Betteltouren, die uns zum Gespött in unserer Heimat machten? Warum ließ Gott all das zu? Warum?

Es schien alles keinen Sinn mehr zu ergeben. Ich war ungefähr zehn Jahre alt und sehr müde fürs Leben geworden. Ja, ich war lebensmüde. Keine Hoffnung in Sicht. Es würde sich heute nichts ändern, auch in vielen Jahren nicht.

Oben auf den Gleisen konnte ich unsere Bruchbude sehen. Ich sah aber auch die kleine Kirche, in der ich so oft Zuflucht, Schutz, Frieden und Ruhe suchte und all dies auch fand, was ich außerhalb der Kirche vergeblich suchte. Doch nun war ich an einem Punkt angelangt, wo ich nicht mehr konnte – und auch nicht mehr wollte.

Mitten in meiner Ohnmacht, mitten in meiner Hoffnungslosigkeit, meiner Trauer und meinem festen Entschluss, diesem Leben ein Ende zu setzen, das aus meiner Sicht eh nicht lebenswert war, vernahm ich eine innere Stimme: „Ich habe dich lieb, lebe weiter!"

War es Einbildung? War es Wunschdenken? War es Gott? Wer sollte mich lieben? Wie oft hörte ich, dass ich ein Nichts bin, nicht gewollt und auch nicht erwünscht. Mitten in aller Ablehnung und Verzweiflung, die hier auf den Bahngleisen gipfelte, hörte ich diese Worte.

Mitten in meiner Ohnmacht, mitten in meiner Hoffnungslosigkeit, meiner Trauer und meinem festen Entschluss, diesem Leben ein Ende zu setzen, vernahm ich eine innere Stimme: „Ich habe dich lieb, lebe weiter!"

Egal, wer es war oder was es war: Es war ein leuchtender Funke in dunkler Nacht. Ein Schluck kühles Wasser für den Durstigen in der Tageshitze der Wüste. Es war ein kleines Stück Brot für den Todeshungrigen. Eine zärtliche Berührung für den Abgelehnten, Ausgestoßenen und Einsamen.

Ich empfand das als Aufforderung, es noch einmal zu probieren.

Neustart an Gottes Hand

Meine Situation hatte sich nicht verändert. Papa würde nicht zu arbeiten anfangen. Ein Fahrrad war tabu, wir konnten es uns nicht leisten. Diejenigen, die mich in der Klasse quälten, änderten nicht ihre Meinung. Ich war immer noch der ärmste Junge im ganzen Dorf.

Aber irgendwie fühlte ich, dass ich nicht allein war.

Das war es, was ich brauchte, was jeder Mensch braucht. „Es ist nicht gut, wenn der Mensch allein ist", so steht es schon ganz am Anfang in der Bibel.

Heute weiß ich: Gott hat uns nie versprochen, dass unser Leben glatt und ohne Probleme abläuft, sondern dass er da ist. Ja, noch mehr, sein Name ist sein Wesen: Jahwe – „Ich bin da". Keiner dieser Götter, die weit weg sind, oder gar ein höheres Wesen oder nur Energie, also ein „Es". Nein, er ist das „Du", das uns ein Gegenüber ist. Der eine, der da ist, wenn alle gegangen sind. Diese Nähe, diese Liebe, die kein Verstand erfassen kann, erlebte ich immer und immer wieder.

Im Alter von achtzehn Jahren lebte ich einige Monate auf der Straße. Ich weiß also, wie es ist, wenn man Verachtung erlebt, wenn man gemobbt wird, wenn die Welt über einen lacht und wenn man kein Zuhause hat, in dem man geborgen und angekommen ist. Heute weiß ich, dass in all dem Gott bei mir war. Ich war nie allein.

So wusste ich schon in frühen Jahren, dass ich einem Gott vertraue, der mich besser kennt als ich mich selbst und der weiß, wie ich mich fühle, weil er selbst alles durchlebt hat.

In Jesus kam Gott uns unendlich nah. Er durchlitt, was nie ein Mensch zuvor durchlitten hatte. Deshalb vertraute ich ihm schon als Kind alles an. Er weiß, wie ich mich fühlte, als man mich schlug. Er kennt das Gefühl von Verachtung und Einsamkeit. Er weiß, wie demütigend es ist, wenn man bespuckt wird und man dabei in einem Meer aus Traurigkeit zu ertrinken droht. Jesus erlebte das alles selbst.

So wusste ich schon in frühen Jahren, dass ich einem Gott vertraue, der mich besser kennt als ich mich selbst und der weiß, wie ich mich fühle, weil er selbst alles durchlebt hat.

Aus all diesen Verletzungen und der Liebe, die ich oft nicht erfuhr, kam es immer und immer wieder zu vielen Verletzungen unterschiedlichster Art, mir selbst und meinen Mitmenschen gegenüber. Ich wurde früh Vater und versagte in vielen Punkten. Ich durchlebte eine Scheidung und war viele Jahre meines Lebens auf der Flucht. Ich bewegte mich als Personenschützer in vornehmsten Kreisen. Aber ich spielte oft nur eine Rolle. Ich war ein Schauspieler, der eine Maske trug. Mein wahres Gesicht verbarg ich aus Angst, wieder und wieder abgelehnt zu werden. Masken tragen kostet Kraft. So ging immer wieder meine Kraft zu Ende.

Oft war ich der Meinung, dass man sich Liebe verdienen müsste. Aus diesem Grund fragte ich mich häufig: „Wie kann Gott mich lieben? Was habe ich aufzuweisen? Eine kaputte Kindheit! Einige Monate auf der Straße! Eine zerbrochene Ehe!" Und nun jagte ich mit letzter Kraft um die Erde, um jemand zu sein, der ich eigentlich gar nicht sein wollte, den aber die anderen so wollten! Ich war auf der Flucht. Geplagt von vielen unerfüllten Sehnsüchten.

Der Tag, an dem ich Sohn wurde

Bis zum meinem 37. Lebensjahr wollte ich es der Welt unbedingt zeigen. Vor allem meinem Vater. Ich habe mich ein Leben lang für ihn geschämt. Wollte ihn verändern, denn so, wie er war, hat er mir nie gepasst. Doch bei allem, was ich tat und sagte, wurde es nur schlimmer. Ermahnte ich ihn, weniger zu trinken, trank er noch mehr. So war es in vielem: Er machte meistens das Gegenteil.

Eines Abends sah ich ihn angetrunken auf der Straße. In meinem Herzen spürte ich, dass er nicht mehr lange zu leben hatte und ich endlich Frieden schließen sollte. Es war wie eine innere Stimme, die mich liebevoll, aber klar aufforderte, jetzt die Versöhnung zu leben. War es dieselbe Stimme von einst auf dem Bahngleis? Oder nur mein innerlicher Drang, das zu tun, was ich schon lange hätte tun sollen?

Ich fuhr einfach weiter.

Anschließend lag ich nächtelang wach im Bett und grübelte, wie man wohl Frieden schließt. Ich hatte ehrlich gesagt keine Ahnung. Als Inhaber eines Sicherheitsdienstes war ich für den friedlichen Ablauf von Veranstaltungen mit Tausenden von Menschen verantwortlich. Wie man aber Frieden mit seinem Vater schließt, den ich jahrelang nur als „Erzeuger" betitelte, wusste ich nicht.

Bis ich eines Nachts träumte, dass mein Vater gestorben wäre. Es war der schlimmste Traum meines Lebens. Am nächsten Morgen wusste ich, was ich zu tun hatte. Endlich. Es war einer der schwersten Wege meines Lebens. Meine Beine waren schwer wie Blei. Ich war vollkommen mit Angst erfüllt. Aber ich wollte und musste diesen Weg zu meinem Vater gehen. Mir war nicht wichtig, wie er reagieren würde, sondern nur, was ich zu tun hatte. So stand ich nun in der kleinen, schäbigen Bude meines Vaters. Gott nahm mir diesen Weg nicht ab. Aber ich war nicht allein, der „Ich bin da" war dabei!

Nicht das Verändern verändert Menschen, sondern die Liebe.

„Papa, ich hab dich lieb – und bitte vergib du mir." Dieser Satz veränderte mein ganzes Leben – und seines gleich mit. Gott hat uns nie aufgefordert, Menschen zu verändern. Jesus hatte einfach folgende Bitte an uns: „Ein neues Gebot gebe ich euch: Habt einander lieb, wie ich euch liebe!"

Nicht das Verändern verändert Menschen, sondern die Liebe. Aus dem Erzeuger wurde mein Papa. Ich legte meine Maske ab und war nun der, der ich wirklich war.

Ein Mann mit siebenunddreißig Jahren, der ein Leben lang Sehnsucht nach der Liebe seines Vaters hatte. Ein Mann, der Probleme mit Gott, dem Vater, hatte, weil sein eigener Vater verletzend war. Ein Mann, der Vater war und doch nicht, weil er sich in die Arbeit stürzte und nicht merkte, wie sehr sein eigener Sohn ihn brauchte.

Nun war ich echt. Ich werde nie vergessen, wie mein Vater mich fragte, warum ich zu ihm gekommen war. Ich erklärte ihm, dass ich mich stets für ihn geschämt hätte und ihn immer verändern wollte und dass damit nun Schluss sei. Dass ich ihn liebte, so, wie er ist. Unter Tränen sprach er mir nach siebenunddreißig Jahren seine Liebe zu und bat selbst um Vergebung. An diesem Tag wurde ich Sohn. An diesem Tag fand ich meinen Papa und er gewann einen Sohn.

Ich hatte noch drei wunderschöne Jahre mit meinem Papa. Er wurde wie neu geboren und hörte Schritt für Schritt auf zu trinken. Er versöhnte sich mit vielen Menschen und lud Gott in sein Herz ein. Kurz bevor er starb, küsste ich ihn und sagte ihm zweimal, wie sehr ich ihn liebte. So durfte ich erleben, dass nur, wer sich selbst liebt, auch andere lieben kann. „Tue das, so wirst du leben" – diesen Satz bezog Jesus auf diese drei Arten der Liebe: sich selbst, den Nächsten und Gott von ganzem Herzen zu lieben.

Doch dafür sollten wir in stetiger Vergebung und Versöhnung leben. In meinem Dienst an Schulen, in Gefängnissen, Kinderheimen, Firmen und auch aufgrund meiner eigenen Geschichte kam ich zu folgenden Erkenntnissen:

1. Nehmen Sie Gottes Vergebung an. Keiner kann sich selbst durch Taten erlösen. Manches Mal schon saß ich am Bett Sterbender, die sich mit Schuld plagten – vor allem mit den Dingen, die sie nie getan hatten. Sie folgten oft nicht ihrem Herzen, sprachen die Liebe nicht aus, vergaben nicht. Sie konnten in Anbetracht des nahenden Todes nichts mehr tun. Doch Christus hat alles getan, was wir nie tun können. Ein kleines Gebet ... die Bitte um Vergebung. Ja, das ist es, und so manches Wunder durfte ich dabei schon miterleben.

2. Vergeben Sie sich selbst. Wenn Gott Ihnen vergeben hat, dann dürfen Sie es sich selbst auch. Es wird dann leichter und bereitet Ihnen den Weg, sich selbst mehr lieb zu haben – und somit auch Ihre Mitmenschen.

3. Vergeben Sie allen Menschen, die Ihnen wehgetan haben. Meine Frau und meine Tochter überlebten 2010 einen schweren Verkehrsunfall, verursacht durch einen jungen Mann. Unsere Freundin kam dabei ums Leben. Ich vergab diesem jungen Mann nicht, damit er frei war, sondern weil ich kaum noch Kraft hatte, weiterzuleben. Ich wollte keine Energie mehr damit verschwenden, wütend zu sein oder ihn gar zu hassen. Ich vergab, damit *ich* frei war.

4. Um Vergebung bitten ... diese Bitte ist entwaffnend. Sie werden erleben, dass Sie damit niemanden wegtreiben. In dieser Bitte steckt wahre Größe.

Diese vier Formen der Vergebung verändern Leben und schaffen wahres Leben. Es fördert die Liebe zu uns selbst, zu unserem Nächsten und vor allem zu Gott.

Auf dem Grabstein meines Papas steht übrigens „Gott ist Liebe". Diese Liebe veränderte ihn und mich. Und unsere Geschichte der Liebe verändert heute viele Menschen, vielleicht auch Sie.

Epilog

Es ist Zeit, Ihnen ein Geständnis zu machen: Ich bin sehr oft sehr schnell sehr genervt von anderen Menschen. Oftmals auch von Gott. Das ist meist dann der Fall, wenn die Dinge nicht so laufen, wie ich es gerne hätte. Leider kommt genau das in meinem Leben recht häufig vor, denn mit der Geduld habe ich es nicht so. Und wenn man noch dazu wie ich in Gemeinschaft mit anderen lebt, dann ist das eine echte Herausforderung. Wie oft merke ich, *wie* anders die anderen sind!

Ich teile mein Leben mit einigen anderen Menschen. Ich liebe sie alle – und manchmal könnte ich sie trotzdem sprichwörtlich an die Wand klatschen. Vor wenigen Tagen war das mal wieder so weit. Ich weiß gar nicht mehr genau, was es im Kern war. Aber Fakt war: Ich war genervt. Sehr genervt. In mir bäumten sich diese Fragen auf: Warum verstehen die anderen nicht, was ich meine? Warum glauben sie mir nicht, dass es gut wäre, wenn wir es so machten, wie ich es vorschlage? Warum werden meine Erwartungen schon wieder nicht erfüllt oder nur unzureichend?

Es ist wirklich interessant: Je länger ich über die vergangenen Tage nachdenke, desto mehr frage ich mich, was eigentlich los war. Während ich es aufschreibe, merke ich, dass ich es gar nicht so recht benennen kann. Aber es *war* etwas los. In mir. Ich war sauer, enttäuscht, traurig, frustriert. Irgendwie eine diffuse Mischung.

Und dann saß ich inmitten dieses gefühlvollen Wusts wieder an diesem Manuskript und schrieb über die Liebe. Und merkte auf einmal, wie sie mich überkam. Aus heiterem Himmel spürte ich mein warmes Herz, das für diese Menschen schlägt. Ich spürte, wie Gottes Liebe mich einhüllte und sich diese diffusen Gefühle in einer Wolke aus „Genauso will ich doch leben – Liebe-voll!" auflösten. Ich kann das nicht präziser beschreiben. Fakt war – und ist: Die Liebe hatte mich plötzlich wieder voll im Griff.

Ich merkte dann auch, wie sehr ich nach der Nähe zu Gott und auch zu mir selbst lechzte. Viel zu lange hatten wir beide keine exklusive Zeit mehr gehabt – und viel zu lange hatte ich mich nicht mehr um mich selbst gekümmert. Ich hatte viel zu lange meine Wurzeln nicht gepflegt. Die Quellen-Momente fehlten mir.

Die Liebe hatte mich plötzlich wieder voll im Griff.

In solchen Augenblicken höre ich den Apostel Paulus für mich beten: *„Es ist mein Gebet, dass Christus aufgrund des Glaubens in euren Herzen wohnt und dass euer Leben in der Liebe verwurzelt und auf das Fundament der Liebe gegründet ist"* (Epheser 3,17; NGÜ). Es hängt alles an Jesus, es hängt alles an der Liebe. Ich hänge an Jesus, ich hänge an der Liebe.

Mein Umgang mit meinen Mitmenschen, meinen Nächsten, ist immer auch ein Indikator für meine Beziehung zu Gott und zu mir selbst. Bin ich fest verwurzelt und gegründet? Im Glauben an Jesus und in der Liebe?

Hoffentlich erinnern Sie sich an die Geschichte vom Wagenrad. Nur so kann es gehen: dass ich selbst näher an die Nabe – an Jesus Christus – rücke. Dann rücke ich gleichzeitig näher an die anderen heran. Aber auch die Speiche selbst muss einigermaßen stabil sein, immer mal wieder eingefettet und festgeschraubt und justiert werden, damit sie das Rad sicher trägt, damit das ganze Rad rund läuft. Es kommt auf jede Speiche an.

Ich bin Gott dankbar, dass er mich immer wieder ganz Liebe-voll erinnert, wie sehr ich ihn brauche, wenn das mit der Liebe in meinem Leben funktionieren soll. Ich bin ihm so dankbar, dass er mich selbst mit seiner Liebe packt, sehr treu, ganz sanft, aber sehr deutlich, und mich da hinbringt, wo ich sein soll: bei ihm, bei meinem Nächsten und bei mir selbst.

Und so wünsche ich Ihnen, liebe Leserin, lieber Leser, dass Sie sich auf Gott einlassen. Dass Sie diese Entscheidung treffen. Einmal und immer wieder. Dass Sie sich von Gottes Liebe-vollem Wesen einhüllen lassen und sich ausstatten lassen für Ihren Nächsten und für sich selbst. Dann wird das funktionieren mit der dreifachen Liebe zu Gott, Ihrem Nächsten und sich selbst.

Über die Autorin

© Oliver Sold

Tina Tschage

„Ich liebe es, Menschen an den Meilensteinen ihres Lebens zu begleiten!"

Geboren 1982 in Berlin, jetzt zu Hause in München in der Christlichen Lebensgemeinschaft SegensReich (www.segens-reich.de). Theologin, Redakteurin, Autorin, Rednerin, Coach und Trainerin. Freiberuflich tätig in eigener Agentur (www.tina-tschage.de). 2015 erschien ihr Buch „EINZELSTÜCK. Solo leben. Und zwar glücklich".

Literaturempfehlungen

Hilfreiche Lektüre für alle, die das Leben lieben und die Liebe leben wollen:

Mark Batterson. Zurück zum wichtigsten Gebot. Gott lieben mit Herz, Seele, Verstand und Kraft. Witten: SCM R.Brockhaus 2014.

Dietrich Bonhoeffer. Gemeinsames Leben. Gütersloh: Gütersloher Verlagshaus [31]2006.

Lawrence Crabb. Connecting. Das Heilungspotential der Gemeinschaft. 3., veränderte Auflage. Gießen: Brunnen Verlag 2007.

Lawrence Crabb. Orte der Geborgenheit und Heilung. Xanten: GloryWorld-Medien 2011.

Astrid Eichler, Irene & Thomas Widmer. Es gibt was Anderes. Gemeinschaftliches Leben für Singles und Familien. Witten: SCM R.Brockhaus [3]2015.

Gerald Hüther. Etwas mehr Hirn, bitte. Göttingen: Vandenhoeck & Ruprecht 2015.

Navid Kermani. Ungläubiges Staunen. Über das Christentum. München: Verlag C.H. Beck [13]2016.

Dominik Klenk (Hrsg.). Riskiere dein Herz. Wunder und Wagnisse – mit Gott erlebt. Gießen: Brunnen Verlag 2008 (nur noch antiquarisch erhältlich).

Gary L. Thomas: Neun Wege, Gott zu lieben. Die wunderbare Vielfalt des geistlichen Lebens. Witten: SCM R. Brockhaus 2015.

Jean Vanier. In Gemeinschaft leben. Meine Erfahrungen. Witten: SCM R.Brockhaus 1999 (nur noch antiquarisch erhältlich).

Anmerkungen

1 Papst Benedikt XVI. Liebe in Wahrheit. Caritas in Veritas. Die Sozialenzyklika. Augsburg: Sankt Ulrich Verlag 2009, S. 17-18.
2 Kindergebetegedicht, Autorin: Luise Hensel (1798–1876).
3 Begleitschreiben zur Aktion www.Bibel-Auf-Bierdeckel.de der EKHN, 2016 (Zugriff am 29.03.2017).
4 Philo von Alexandrien. Die Werke in deutscher Übersetzung. Berlin: De Gruyter 1964, S. 126.
5 Victor Paul Furnish. The Love Command in the New Testament. Nashville/TN: Abingdon Press 1972, S. 26.
6 Übersetzt aus dem Lateinischen: Martin Luther. Werke. Kritische Gesamtausgabe. Nd., Bd. 5, 1892, Weimar: Hermann Böhlau 2003, S. 119, Z. 14-15.
7 Christina Brudereck während einer Tagung bei der Jesus-Bruderschaft in Gnadenthal im Sommer 2015. Mit freundlicher Genehmigung.
8 Navid Kermani. Ungläubiges Staunen. Über das Christentum. 8., durchgesehene Auflage. München: Verlag C.H. Beck 2016, S. 169.
9 Johann Baptist Metz. Ökumene in Auschwitz. Zum Verhältnis von Christen und Juden in Deutschland; in: Eugen Kogon / Johann Baptist Metz (Hrsg.). Gott nach Auschwitz. Dimension des Massenmords am jüdischen Volk. Freiburg/Basel/Wien: Herder Verlag 1981, S. 123-124.
10 Charles Haddon Spurgeon. Kleinode göttlicher Verheißungen. Wuppertal: Oncken ^{22}2002.
11 Alexander Strauch. Leading with Love. Colorado Springs/CO: Lewis and Roth Publishers 2006, Kapitel 1 (Übersetzung: Martin Buchsteiner).
12 Eben Alexander. Blick in die Ewigkeit. Die faszinierende Nahtoderfahrung eines Neurochirurgen. München: Heyne Verlag 2016.
13 Vgl. Ansgar Graw. „Die betörende Nahtoderfahrung eines Hirnexperten“. 26.10.2012; in: https://www.welt.de/vermischtes/article110284211/Die-betoerende-Nahtoderfahrung-eines-Hir-

nexperten.html (Zugriff am 29.03.2017).

14 Nähere Informationen zur Nethanja-Kirche finden Sie unter www.nethanja-indien.de.

15 Diese Reportage ist auf YouTube zu finden unter dem Titel „Vom Schicksal zur ewigen Freude".

16 Gary L. Thomas. Neun Wege, Gott zu lieben. Wuppertal: R.Brockhaus Verlag 2003, S. 14-15.

17 Gary L. Thomas nennt neun verschiedene Typen: den Natur-Typ (er begegnet Gott am liebsten in dessen Schöpfung), den sinnlichen Typ (er liebt Gott mit allen Sinnen), den traditionalistischen Typ (für ihn sind Rituale und Symbole wichtig), den asketischen Typ (Einsamkeit und Schlichtheit sind für ihn zentral), den aktivistischen Typ (er streitet gern für die Sache Gottes), den fürsorglichen Typ (er setzt sich auf ganz unterschiedliche Weise für andere ein), den enthusiastischen Typ (er liebt Gott durch Mysterien und Feiern), den kontemplativen Typ (ihn zeichnet grenzenlose Hingabe aus), den intellektuellen Typ (er liebt Gott in erster Linie mit seinem Verstand).

18 Mark Batterson. Zurück zum wichtigsten Gebot. Gott lieben mit Herz, Seele, Verstand und Kraft. Witten: SCM R.Brockhaus 2014, S. 27.

19 Text: Manfred Siebald, © SCM-Verlag, Holzgerlingen.

20 Christina Brudereck während einer Tagung bei der Jesus-Bruderschaft in Gnadenthal im Sommer 2015. Mit freundlicher Genehmigung.

21 Ebd.

22 Vgl. Lawrence J. Crabb. Connecting. Das Heilungspotential der Gemeinschaft. Gießen: Brunnen Verlag 2007, S. 11.

23 Ebd., S. 77.

24 Mehr Informationen unter www.segens-reich.de.

25 Gerald Hüther. Etwas mehr Hirn, bitte. Göttingen: Vandenhoeck & Ruprecht 2015, S. 184.

26 Mehr Informationen unter www.moosrain.net und www.offenetuer.ch.

27 www.meinspring.de

28 Christina Brudereck während einer Tagung bei der Jesus-Bruderschaft in Gnadenthal im Sommer 2015. Mit freundlicher Genehmigung.

29 Crabb, Connecting, S. 18.

30 Hüther, Etwas mehr Hirn, bitte, S. 145.

31 Gerald Hüter auf seiner Website http://www.akademiefuerpotentialentfaltung.org (Zugriff am 29.03.2017).

32 Crabb, Connecting, S. 55.

33 Ebd., S. 59.

34 Ebd., S. 15.

35 Zitiert im wöchentlichen E-Mail-Magazin proKOMPAKT, 48/2016, S. 12.

36 Ebd.

37 www.soloundco.net.

38 Papst Benedikt XVI., Liebe in Wahrheit, S. 20-21.

39 Ebd., S. 17.

40 Christina Brudereck während einer Tagung bei der Jesus-Bruderschaft in Gnadenthal im Sommer 2015. Mit freundlicher Genehmigung.

41 Text: Manfred Siebald, © SCM-Verlag, Holzgerlingen.

Ein großes DANKE geht an:

Meinen Gott: Du hast mein Herz erobert, mein Leben im Griff und dieses Buch initiiert. Ich liebe es, deine Liebe in die Welt zu tragen. Danke, dass du mich immer wieder füllst.

Meinen Papa Hartmut, außerdem an die weiteren Co-Autorinnen und -Autoren Martin, Rahel, Shabnam, Irene, Thomas, Alfred, Dani und Michael: Danke für eure ganz persönlichen Geschichten! Macht weiter so, lasst euch immer wieder von der Liebe erobern und zieht Liebeskreise, wo auch immer ihr seid.

Die Landeskirchliche Gemeinschaft in Parchim (Mecklenburg): Bei euch steht die Wiege dieses Buches. Ihr seid mir ein echtes Vorbild, wenn es um liebevolle Gemeinschaft geht. Auf dass dies immer mehr Menschen bei und mit euch erleben dürfen!

Meine Freunde der Gemeinschaft SegensReich: Danke, dass ihr mir Gottes Liebe zeigt und immer wieder auch weitergebt. Lasst uns weiter und immer mehr gemeinsam das Leben lieben und die Liebe leben!

An meinen Verlag unter dem Dach der SCM: Ihr steckt eine Menge Vertrauen in mich als Autorin und unterstützt mich ganz wunderbar beim Vollenden meiner Manuskripte.